LOS «OTROS EXTRANJEROS»
EN LA REVOLUCION NORTEAMERICANA

COLECCION DE ESTUDIOS HISPANICOS

EDICIONES UNIVERSAL, MIAMI, FLORIDA, 1978

HERMINIO PORTELL-VILÁ

LOS «OTROS EXTRANJEROS» EN LA REVOLUCION NORTEAMERICANA

P. O. Box 450353 (Shenandoah Station)
MIAMI, FLORIDA, 33145. USA.
1978

Copyright 1978, by Herminio Portell-Vilá

Library of Congress Catalog Card Number: 77-088537

ISBN: 0-89729-173-5
Depósito Legal: B. 5.412-1978

Printed in Spain   *Impreso en España*

Impreso en el complejo de Artes Gráficas Medinaceli, S. A.,
General Sanjurjo, 53, Barcelona-25 (España)

NOTA PRELIMINAR

Como se dice en el cuerpo central de esta obra, el estudio sobre LOS «OTROS EXTRANJEROS» EN LA REVOLUCIÓN NORTEAMERICANA se concibió en grande, que pudiéramos decir, hace muchos años, con vistas a la futura conmemoración del Bicentenario de la Declaración de la Independencia, de Filadelfia (1776). Tras una ingente labor de búsqueda y adquisición de libros especializados, y de copiar o extractar impresos y manuscritos, había yo logrado reunir una formidable información sobre el tema de esta obra y aspiraba a que fuese definitiva. El libro iba a ser bilingüe, en páginas paralelas en español y en inglés, de modo que para siempre hubiese quedado esclarecida la cuestión de la ayuda valiosa y hasta decisiva que España y varias de sus colonias americanas de entonces le dieron a la Revolución Norteamericana.

Perdí en Cuba, con las vicisitudes políticas que llevaron a la imposición de la dictadura comunista allí, los libros, los manuscritos y las anotaciones correspondientes a esta obra y coleccionados en varios países a partir de 1931. Infructuosos fueron los esfuerzos para interesar a fundaciones y academias de los Estados Unidos para que me ayudasen en la reconstrucción del archivo reunido y de las páginas escritas. Y es que todavía en los Estados Unidos los historiadores prefieren o ignorar o restar importancia al aporte español e hispanoamericano a la independencia norteamericana, como si creyesen que el reconocimiento de esa verdad pudiera rebajar importancia a la obra grandiosa y memorable del general Jorge Washington y de su Ejército Libertador, así como del Congreso Continental.

Renuncié, pues, al texto en inglés y me limité a una obra más modesta, en español, que es la que ahora se publica y que pudiera servir de base para otra mucho más completa, como la que se perdió en La Habana, en 1960, pero escrita por otro historiador más afortunado.

5

No me ha sido posible hacer más con la limitación de mis recursos y la imperiosa necesidad de ganarme la vida en país extranjero.

En este empeño tuve, como en todas mis obras históricas, la ayuda firme y estimulante de mi esposa, Lea Rodríguez de Portell-Vilá, y de mis sobrinos Mario H. y Roberto L. Rodríguez, el primero de los cuales, además, tuvo a su cargo la copia mecanográfica del manuscrito. Es de justicia, pues, que les dedique esta obra en reconocimiento de su cooperación y ayuda.

EL AUTOR

Arlington (Virginia), marzo de 1977

LOS «OTROS EXTRANJEROS» EN LA REVOLUCIÓN NORTEAMERICANA

a) El medio geográfico para la Revolución Norteamericana.

La Guerra de Independencia de los Estados Unidos es uno de los grandes acontecimientos de la historia de la humanidad. El mundo occidental podía recordar que en el siglo xv se había completado la revolución helvética que había dado nacimiento a Suiza, en lucha contra los Habsburgo del Imperio Germánico y contra diversos señores feudales. También había el recuerdo de la lucha de las Provincias Unidas de Holanda contra la metrópoli española, al terminar la cual, a mediados del siglo XVII, había surgido Holanda como nación independiente, casi en los mismos años en que Portugal reconquistaba su independencia tras muchos años bajo la dominación española.

Pero todo eso había ocurrido en Europa, del otro lado del Atlántico, y en una época en la que sólo había colonias, sin nación alguna independiente, en esta parte del mundo. Si a las testas coronadas europeas les era difícil el concebir la idea de la revolución democrática en el Viejo Mundo, lo de que tal cosa pudiera ocurrir en las Américas les era de todo punto increíble.

Sin embargo, los acontecimientos en las Trece Colonias Británicas de la América del Norte seguían ese rumbo y se encadenaban unos con otros desde la Nueva Inglaterra hasta los límites de la nueva adquisición colonial británica que era la antigua posesión española de las Floridas, las que en 1763 habían pasado al poder de la Gran Bretaña después de la Guerra del Pacto de Familia, así llamada en España, Francia y sus colonias; pero a la que los norteamericanos y los británicos dieron el nombre de Guerra contra los Franceses y los Indios, porque tales fueron los combatientes con quienes se enfrentaron en la América del Norte,

7

salvo en cuanto al sitio y la toma de La Habana por los ingleses y los norteamericanos, en 1763. No hubo empeño alguno por los habitantes de las Trece Colonias Británicas de la América del Norte por atraerse el apoyo de los floridanos en una colonia que seguía siendo principalmente española en cuanto a población, costumbres e idioma.

Y el fenómeno revolucionario norteamericano quedó limitado a las Trece Colonias cuando las tentativas para atraerse a los canadienses fracasaron tempranamente: o los francocanadienses no simpatizaron con la Revolución Norteamericana aunque sólo hacía pocos años que estaban bajo la dominación británica, o los ingleses fueron más efectivos en su represión política sobre los canadienses que sobre los habitantes de las Trece Colonias. Estos no podían esperar ayuda alguna de los canadienses y no la tuvieron.

En general, los colonos norteamericanos tampoco tuvieron la simpatía o el respaldo activo de las tribus de amerindios, quizás si porque perduraban las circunstancias que habían hecho de la última contienda entre la Gran Bretaña, de una parte, y España y Francia, de la otra, la Guerra contra los Franceses... y los indios.

Todo esto demuestra, además, que las Trece Colonias tenían un aislamiento geográfico, político, militar y económico, que era positivo y real.

Por supuesto que la Gran Bretaña contaba por entonces con el poderío naval y militar con los recursos necesarios industriales y económicos para aplastar la revolución de las Trece Colonias, a pesar del firme patriotismo, del coraje y del heroísmo de Washington y sus improvisados soldados. La Gran Bretaña estaba reconocida como la primera potencia de la época en la que los colonos norteamericanos se rebelaron contra la dominación británica.

Francia, desangrada por las guerras de Luis XIV y Luis XV, estaba arruinada. Al perder el Canadá, la Luisiana y la India, etc., le faltaban las mejores bases de operaciones lejos de la metrópoli. Podía defenderse mejor en el Mediterráneo que en el Atlántico, donde por su cuenta apenas si podía utilizar a Haití y a Guadalupe y Martinica, en las Antillas, para las necesidades de sus escuadras al otro lado del Atlántico, a menos de que España le permitiese abastecerlas y repararlas en sus posesiones, especialmente Cuba, donde el Real Apostadero y Arsenal de La Habana tenía los mejores astilleros y almacenes navales en esta parte del mundo, mejores que los de Filadelfia, Nueva York y Boston.

Pero es que, además, Haití, como Martinica y Guadalupe, estaban a millares de kilómetros de las Trece Colonias y poco podían hacer como bases navales de los franceses, no sólo por carecer de astilleros para los navíos de alto porte, sino de talleres de fundición y reparación de artillería.

La autarquía de una escuadra de la época era muy limitada, una vez en alta mar, y le era indispensable el poder llegar con rapidez y con la protección eficaz al puerto amigo y que fuese refugio bien defendido y accesible.

Para las escuadras francesas de d'Estaing y de DeGrasse, sí iban a desempeñar un papel importante en la Guerra de Independencia de los Estados Unidos, les era indispensable el contar con esos puertos amigos en otros países cuando ni siquiera podían entrar libremente en las grandes bahías de las Trece Colonias porque estaban en manos de los ingleses. Las conveniencias estratégicas y logísticas, en esta parte del mundo, estaban principalmente del lado del poderío naval británico, a menos de que a los franceses les hubiese sido posible el utilizar puertos en los cuales pudieran refugiarse y abastecerse con la seguridad adecuada, cerca de las Trece Colonias. Si uno de esos puertos, además, tenía buenos astilleros y arsenales, la ventaja se hacía decisiva.

Esa era, precisamente, la ventaja que Cuba representaba para los franceses y para los norteamericanos. Desde Santiago de Cuba, sobre el Mar Caribe, era posible impedir que Jamaica se convirtiese en una base naval poderosa. Los ingleses la habían utilizado en los tiempos de Henry Morgan como centro para corsarios y piratas; pero no se habían preocupado después con hacerla una fortaleza de importancia decisiva. Santiago de Cuba la neutralizaba efectivamente. Y a la entrada del Golfo de México estaba La Habana, apoyada por Matanzas, bien cercana. Cierto que en 1762, tras un sitio que duró tres meses, el armamento más poderoso que hasta entonces la Gran Bretaña había enviado en una expedición trasatlántica, con el apoyo de las Trece Colonias había logrado apoderarse de La Habana, considerada plaza fuerte de primer orden. Pero los británicos habían tenido buen éxito en esa empresa militar, después de señalados fracasos anteriores, precisamente porque las milicias de las Trece Colonias, con sus barcos, sus vituallas y sus armas, habían ayudado a los británicos, quienes así se sintieron respaldados.

En 1776, sin embargo, las circunstancias habían cambiado. Las Trece Colonias estaban en contra de la Gran Bretaña y eran territorio enemigo para los británicos, cuya dominación estaba limita-

9

da a porciones de la costa. El control británico sobre la Península de Florida era bien pobre. Los españoles y los cubanos mantenían contactos con los indios floridanos y con los de la parte occidental de Georgia por medio del contrabando y los británicos no podían impedirlo al no contar con suficientes recursos militares y navales para ello.

En el Golfo de México los británicos tenían dos fuertes ciudadelas en Panzacola y Mobila; pero hacia el oeste estaba el enorme territorio de la Luisiana, a lo largo del Mississippi y sus tributarios, cedido por Francia a los españoles como compensación porque en la guerra de 1762-1763 habían perdido, primero a La Habana, y después a las Floridas, cuando la Gran Bretaña y España convinieron en el canje de La Habana por las Floridas. La dominación española sobre la Luisiana todavía no hacía catorce años que se había establecido cuando en 1776 se aprobó la Declaración de la Independencia, en Filadelfia. De este modo España era la dueña de todo el «hinterland» de la América del Norte, al sur de los Grandes Lagos, y era vecina de las Trece Colonias a lo largo de las Montañas Apalaches y en el valle del Ohío.

Cierto que la Luisiana dependía de Nueva Orleans, donde España estableció su régimen colonial en lugar del que Francia había tenido allí; pero Nueva Orleans y todos los otros establecimientos coloniales a lo largo del Mississippi dependían de La Habana, hasta el punto de que el gobernador de la Luisiana era un subordinado político, militar, administrativo y fiscal, del capitán general de Cuba.

Estos datos revelan que para el triunfo de la Revolución Norteamericana era muy importante el contar con la neutralidad favorable de España y sus dominios, por lo menos, y con su cooperación militar y económica, de ser posible.

Ahora bien, Santo Domingo (hoy República Dominicana), y Puerto Rico, posesiones españolas en el Caribe, estaban más lejos de las Trece Colonias, que la propia Haití, colonia francesa, y además carecían de la población, los recursos militares y económicos, etc., que sí había en Cuba, más cercana ésta a las Trece Colonias que toda otra colonia extranjera, ya que la propia Canadá había pasado a poder de la Gran Bretaña.

La Habana, justamente llamada «Llave del Nuevo Mundo y Antemural de las Indias», era la más poderosa plaza fuerte de las Américas a la sazón. Tenía una problación mayor que la de Filadelfia, Nueva York o Boston por entonces. Cuba tenía unos ciento ochenta mil habitantes y, aparte del azúcar y del tabaco, había fomentado la ganadería y sus derivados, las explotaciones madereras y varios cultivos alimenticios. La minería había quedado prácticamente reducida al cobre, que se extraía de las minas de El Cobre, cerca de Santiago de Cuba, y del Real de Minas de Bajurayabo, a pocos kilómetros de La Habana por la costa norte.

¿Pero era que, realmente, las relaciones con Cuba podían representar ventaja alguna para las Trece Colonias que se declaraban independientes y peleaban contra la Gran Bretaña? Esto es, precisamente, lo que se quiere demostrar con este estudio.

De 1762 a 1763, durante la dominación británica sobre La Habana y sus alrededores, había habido comercio libre, muy activo, entre La Habana, de un lado, y del otro Charleston, Baltimore, Filadelfia, Nueva York y Boston. La restauración española no pudo del todo suprimir esas relaciones y cuando por fin las nuevas autoridades españolas obligaron a los últimos norteamericanos e irlandeses a que se fuesen, alguno de ellos, como Oliver Pollock, después primer agente consular del Congreso Continental en La Habana, se las arregló para que se le permitiese establecerse en Nueva Orleans, en 1768, y con gran habilidad fue el intermediario para un comercio que con frecuencia era contrabando entre las Trece Colonias y Cuba, vía Nueva Orleans.[1]

España había aprovechado muy bien la dura lección recibida con el sitio y la toma de La Habana por los ingleses. La restauración española fue llevada a cabo de acuerdo con amplios planes de reforma y de fomento en todos los aspectos de la vida colonial cubana.

La reconstrucción del Castillo de los Tres Reyes del Morro, a la entrada de la bahía de La Habana, se hizo con el mayor cuidado, y así también se realizaron las obras de reparación y ampliación en el Castillo de San Salvador de la Punta y en el muy antiguo Castillo de La Fuerza, además de las baterías de San Telmo y La Tenaza. Sobre dos de las lomas que dominaban a La Habana por el lado de tierra, se levantaron las fortalezas de Atarés y del Príncipe; pero encima de la eminencia rocosa de La Cabaña, la misma que los invasores británicos y norteamericanos habían utilizado para batir a El Morro y las otras fortalezas, cuando el sitio de 1762, se levantó la famosa ciudadela de San Carlos de La Cabaña, el castillo artillado más poderoso del Nuevo Mundo.

La Habana se había convertido en plaza fuerte inexpugnable

---

1. *Miralles: un habanero amigo de Jorge Washington*, en *Vidas de la unidad americana*, por Herminio Portell-Vilá, La Habana, Librería Minerva, 1945, vol. I.

hacia 1770. Sus fortalezas y su artillería eran protección eficaz para cualquier buque dentro de su bahía, como así sería para las escuadras francesas y para los corsarios norteamericanos durante la Guerra de Independencia de los Estados Unidos.

Pero es que, además, España había llevado a cabo una obra formidable de ingeniería naval en el Real Astillero y Arsenal de La Habana, donde se construían desde los buques de línea de cuatro puentes hasta las fragatas y bergantines de guardacostas y de comercio. Allí se ensayaba el refuerzo de láminas de cobre en las quillas de los barcos y éstos se construían con las mejores maderas de los bosques cubanos. La fundición de cañones y la armería funcionaban a cargo de técnicos y había talleres de velamen, de cordaje, de sastrería y de zapatería, además de fábricas de pólvora y de proyectiles. [2]

Las breves relaciones regulares de los norteamericanos y los cubanos y los españoles de Cuba, en el breve período de 1762 a 1763, durante la dominación británica en la jurisdicción de La Habana, habían sido seguidas de años de relaciones irregulares, por medio del contrabando, que les habían hecho conocerse mejor. El corredor de las Floridas, que iba por el oeste de Carolina del Sur y de Georgia, pasaba por Apalachicola y por Tampa, y los porteadores indígenas y mestizos a bordo de sus piraguas eran los que mantenían esos contactos y llegaban ellos mismos a La Habana con mercancías, escritos y noticias, y así regresaban a las Trece Colonias con sus cargamentos procedentes de Cuba.

Así fue como hubo en La Habana los primeros informes acerca de la Revolución Norteamericana, antes que en país otro alguno, quizás si antes que en la Europa Continental, aunque a Canadá, por su contigüidad, hay que exceptuarlo de esa generalización.

Y las noticias enviadas desde Cuba llegaban a Madrid casi al mismo tiempo que los despachos remitidos por los diplomáticos españoles desde Londres y desde París, además de los que directamente tenía el gobierno español por los buques mercantes norteamericanos.

De las relaciones clandestinas entre las Trece Colonias y Cuba hay pruebas documentales. Pezuela [3] se refiere a este tópico más de una vez, y en el Archivo de Indias, de Sevilla, se conservan papeles sobre este asunto. El 26 de febrero de 1773 el Capitán

2. *Historia de la Isla de Cuba*, por Jacobo de la Pezuela, Madrid, Bailly-Baillíére, 1878, vol. III, pág. 131.

3. *Ibídem.*

General de Cuba informó a Madrid sobre la llegada a La Habana de catorce indios calusas o huichizes, procedentes de las Floridas. Esos viajes se hacían o en piraguas de los indígenas o a bordo de veleros españoles y cubanos dedicados al tráfico clandestino con las Floridas.[4] En 1777, ya comenzada la Guerra de Independencia de los Estados Unidos, un documento del Archivo de Indias informaba que el cacique Tunapé y su séquito habían llegado a La Habana el 22 de diciembre a bordo de la goleta «San Antonio», patrón José Bermúdez, y que eran portadores de noticias, mercaderías y regalos[5], como parte de sus relaciones de comercio con el contador mayor de la Capitanía General de Cuba, don Juan Josef Eligio de la Puente, nacido en San Agustín de la Florida; pero quien se había radicado en Cuba cuando España le cedió las Floridas a los ingleses. Según ese documento los indios huichizes y talapuches desde 1747 habían estado dando esos viajes entre las Floridas y Cuba.

Pero cuando el cacique Tunafé, jefe de los indios del pueblo San Luis de Talismán, cerca de San Marcos de Apalache, hacía sus viajes a La Habana, también se dedicaba al espionaje al servicio de los españoles. Juan de Miralles, el representante del rey Carlos III ante el Congreso Continental y cuñado de Eligio de la Puente, en junio de 1778 hubo de escribirle al Capitán General de Cuba a fin de recomendarle el plan de Patrick Henry para apoderarse de las Floridas, y ya decía:

> Dicho proyecto me parece muy fácil de lograrse mayormente teniendo de nuestra parte a los indios uichizes (sic) sobre quienes tiene un dominio, que casi toca en despótico, Don Juan Josef Eligio de la Puente...[6]

Estos canales de información a través de las Floridas hasta llegar a La Habana fueron los que hicieron posible que las autoridades coloniales en Cuba pudiesen tener conocimiento de la Declaración de la Independencia, de Filadelfia, antes que la propia España y otros países de Europa.

El 3 de agosto de 1776, menos de un mes después de la trascendental decisión del Congreso Continental, llegaron a Cádiz,

---

4. *Historia de Cuba en sus relaciones con los Estados Unidos y España*, por Herminio Portell-Vilá, La Habana,. Editorial Montero, 1938 (segunda edición, Miami, Flo., Editorial Mnemosyne, 1969), vol. 1, págs. 67-101.

5. *Relaciones diplomáticas entre España y los Estados Unidos*, por Miguel Gómez del Campillo, Madrid, Instituto González Fernández de Oviedo, MCMXLVI, vol. I.

6. Portell-Vilá, *obras citadas*.

en España, procedentes de La Habana, siete buques de las Trece Colonias que habían dejado en Santiago de Cuba a dos de veinte y dos marinos ingleses capturados en el Caribe, y llevaron a España los restantes. La noticia del estallido revolucionario, pues, se había conocido tempranamente en Cuba, como era natural. Y había en La Habana, en Matanzas y en Santiago de Cuba una actitud de simpatía popular en favor de los revolucionarios de las Trece Colonias, que era bien explicable por la historia de las agresiones británicas contra Cuba, y por las relaciones comerciales y de otra índole que había habido entre cubanos y norteamericanos a partir de 1762.

b) Europa y la Revolución Norteamericana

Nada revela tan bien la importancia de la Revolución Norteamericana como los conflictos y las diversas reacciones provocados en las naciones europeas de la época. Cierto que aquéllos eran los tiempos del iluminismo y el naturalismo, que imaginaban o atribuían perfecciones a los hombres, si no primitivos, por lo menos más cercanos a la naturaleza. Y los europeos de los tiempos de Rousseau, de Diderot, de Voltaire y de Burke creían ver en Washington, Jefferson, Adams, Franklin y los otros libertadores norteamericanos, en general, a los personajes de una nueva era en la historia de la humanidad, a la encarnación de superhombres libres de las máculas que afectaban a las sociedades europeas cercanas a la Revolución Francesa.

Claro que la Gran Bretaña, la metrópoli de las Trece Colonias, más que nación otra alguna de la época, entre las europeas, resultó afectada por la Revolución Norteamericana. Jorge III y la familia real, el Parlamento de Londres, la Iglesia Anglicana, la prensa y los escritores del país, se dividieron. Todo el tradicional buen sentido británico hizo crisis, la voz de la razón fue desoída y se apeló a la imposición y a la violencia como la única política. La nación que pocos años antes había contado con recursos humanos propios para una guerra victoriosa, en la lucha colonial a la que se lanzó, ahora reclutaba mercenarios en otros países para que peleasen bajo las banderas británicas.

El caso más conocido de esos mercenarios fue el de los alemanes, vendidos al efecto por los señores feudales de Hesse y de

---

7. *Naval Documents of the American Revolution*, edited by Wm. James Morgan, Washington, D. C., U. S. Navy Department, 1972, vol. 6, pág. 7.

otros principados germanos; pero Francisco Morales-Padrón, historiador español, es quien nos describe los esfuerzos del plenipotenciario británico Gunning en la corte de San Petersburgo para lograr que Catalina II aportase un ejército expedicionario ruso de entre quince y veinte mil hombres, apoyados por una escuadra, para aplastar a la Revolución Norteamericana.[8] El proyecto no cuajó, al fin y al cabo; pero por un momento España siguió con la mayor preocupación el curso de las negociaciones que pudieran haber traído los ejércitos rusos a los Estados Unidos dos siglos antes de que Castro los llevase a Cuba.

De todos modos, los europeos habían redescubierto al Nuevo Mundo, especialmente la América del Norte y el Caribe, con la Guerra de los Siete Años y sus denominaciones regionales de la Guerra del Pacto de Familia y la Guerra contra los Franceses y los Indios. Los soldados de fortuna y los perseguidos por el absolutismo creyeron encontrar en la Revolución Norteamericana la oportunidad anhelada para que los pueblos oprimidos por el despotismo se libertasen y establecieran aquellas nuevas sociedades políticas caracterizadas por la democracia y el liberalismo, que los filósofos habían estado anunciando.

Fueron bastante numerosos los europeos que hicieron causa común con los norteamericanos en la Guerra de Independencia de los Estados Unidos. La historia menciona especialmente a los que se distinguieron por sus eminentes servicios militares y políticos.

La Gran Bretaña, la metrópoli misma, había sido la cuna de John Paul Jones, el más insigne héroe naval de la Revolución Norteamericana, de Thomas Paine, el ardiente panfletario cuyos escritos galvanizaban el anhelo libertador, y del general Charles Lee, en un tiempo segundo en el mando del Ejército Continental y luego traidor y expulsado de sus filas. Polonia aportó entre otros dos brillantes militares profesionales en los generales Thaddeus Kosciusko y Casimir Pulaski. Y alemanes eran Johann de Kalb quien, como Pulaski, dio la vida en batalla, peleando por la independencia de los Estados Unidos, y el famoso general Friedrich von Steuben, organizador técnico del Ejército Continental.

Claro que Francia fue la nación que principalmente ayudó a las Trece Colonias, antes y después de la declaración de guerra contra la Gran Bretaña; pero es cuestionable si Francia habría llegado a la ruptura de las hostilidades sin la seguridad de que España la respaldaría en la lucha. Los nombres del general Mar-

8. *Participación de España en la independencia política de los Estados Unidos*, por Francisco Morales-Padrón, Burgos, Artes Gráficas, S. L., 1962, pág. 9.

qués de Lafayette y del Conde de Rochambeau son los más conocidos entre los miles de franceses quienes participaron activamente de la Guerra de Independencia de los Estados Unidos; pero junto a ellos figuró en la fundación de la Society of Cincinnati el marqués Pierre Claude du Quesne, quien al terminar la contienda se estableció en Cuba, donde creó una familia cubana. [9]

Los historiadores norteamericanos recogen los datos de la personalidad, las hazañas y los aportes de los europeos que ayudaron a la independencia de los Estados Unidos; pero pasan por alto y hasta desconocen los servicios de España y de Cuba a la Revolución Norteamericana, como si ese reconocimiento restase gloria y distinción a lo hecho por las Trece Colonias, o como si los Estados Unidos se rebajasen con la franca admisión de que hubo una época crítica en la que la ayuda de España y de Cuba era impetrada oficialmente por el Congreso Continental y por sus diplomáticos y hasta el propio general Washington la pedía.

c) España y la Revolución Norteamericana

Los hombres de gobierno que en España se interesaron por la Revolución Norteamericana eran personajes prominentes, de preparación igual a los de Francia y la Gran Bretaña por aquella época. Tenían en su contra el desconocimiento que había en las otras naciones europeas respecto al renacimiento de la industria, del comercio, de la cultura y del poderío militar durante el reinado de Carlos III, la única venturosa excepción entre los monarcas españoles posteriores a Felipe II en cuanto a impulsos progresistas y reconstrucción nacional.

La trilogía de los estadistas españoles al servicio de Carlos III, a quienes correspondió actuar acerca de la Revolución Norteamericana, estaba formada por el Conde de Floridablanca y el Marqués de la Sonora o Josef de Gálvez, en Madrid, y por el Conde de Aranda en París, este último como embajador español en la corte de Luis XVI, en contacto con Benjamín Franklin y con Voltaire.

Pero en Madrid, en Barcelona y en Bilbao había una pléyade de hombres ilustrados y liberales, al tanto de todo lo que ocurría

9. Pierre Claude du Quesne, Seigneur de Longbrun et Marquis du Quesne, nacido y bautizado en las Antillas, en 1751, acompañó a Lafellette al venir éste a los Estados Unidos. Después de la Paz de París fue a vivir a Cuba, donde dirigió el Arsenal de La Habana y casó con Ana María Roustán de Estrada. Amigo personal del general Washington.

en el mundo, y ellos estaban al nivel intelectual que prevalecía en Francia, la Gran Bretaña y Alemania y hasta tenían similares inclinaciones progresistas como elementos del enciclopedismo y el mercantilismo que eran.

Esa misma situación se daba en La Habana, también, por las nuevas corrientes filosóficas y científicas que allí llegaban, y por las actitudes políticas que habían surgido a consecuencia del breve período de la dominación británica, durante el cual la masonería había hecho grandes progresos, y por las reformas de la restauración española, a partir de 1763.

Parte importante de las posibilidades para el desarrollo de las relaciones hispanonorteamericanas era la relativa a la existencia de importantes casas de comercio y de cambios monetarios, una señalada innovación en favor de la empresa privada para una potencia colonial que a lo largo de los siglos había mantenido el monopolio mercantil oficial. En Bilbao funcionaba la firma de Gardoqui y Cía., relacionada hasta cierto punto con la de Rodríguez, Hortaleza y Cía., que sirvió para la ayuda inicial española a las Trece Colonias. Su gerente, Diego Gardoqui, al cabo de unos años sería el ministro plenipotenciario español ante el gobierno norteamericano presidido por Jorge Washington. Y en Cádiz operaba la casa Aristegui, Arregui y Cía., cuyo socio corresponsal en La Habana era el comerciante y contrabandista Juan de Miralles, el primer agente diplomático de España ante el Congreso Continental.

El gobierno de Madrid recibía las noticias relativas a la crisis política en las colonias británicas de la América del Norte, o por los informes remitidos desde La Habana y que eran parte del contrabando cubano-español con las Trece Colonias, en el que actuaban los correos indios, o desde París, donde el embajador Conde de Aranda tenía excelentes contactos o por los buques mercantes norteamericanos y británicos que llegaban a los puertos españoles.

Todavía estaba como primer ministro de Carlos III el Marqués de Grimaldi, tildado de anglófilo y luego relevado de su cargo, quizás si por ello, para ser enviado al Vaticano como embajador español, cuando España dio orden con el mayor secreto a Ventura de Lloveras, tesorero extraordinario de Carlos III en París, para que pusiese a disposición de los norteamericanos un millón de libras tornesas, moneda francesa de la época [10], con cuya suma se compraron importantes materiales de guerra para los Estados

10. Morales-Padrón, *ob. citada*, pág. 15.

17

Unidos, embarcados que fueron desde Francia. Ese era el primer aporte que hacía España para la Revolución Norteamericana.

En esas manipulaciones tendientes a no despertar las sospechas británicas ya actuaba Pierre Caron de Beaumarchais quien, si por un lado era cortesano de Luis XVI y autor de famosas comedias, por el otro se dedicaba a los negocios en gran escala. El era quien realmente manejaba la supuesta firma comercial española de Rodríguez, Hortaleza y Cía., que se ocuparía de los embarques para las Trece Colonias. Beaumarchais actuaba de acuerdo con el Conde de Aranda, el embajador español en Francia.

Aranda tuvo un papel preponderante en todos estos planes españoles para ayudar a los Estados Unidos. A él acudían en París los enviados norteamericanos como Benjamín Franklin, Arthur Lee, Silas Deane, John Adams y otros, en sus gestiones para lograr que España respaldase a los Estados Unidos. Por entonces escribía Aranda al gobierno de Madrid:

> ...Puesto ya en este caso, concibo que hubiera sido muy conveniente haber ayudado a las colonias bajo mano y por los términos indirectos de que hay muchos posibles, para que hubiesen podido resistir con más firmeza los esfuerzos que les van a caer encima. Pudiéramos haberles hecho llegar algún dinero para las urgencias que sus billetes no sufragan. Pudiéramos haberles proporcionado abundancia de armas y municiones; pudiérase haberles enviado oficiales sueltos como desacomodados que buscan servicio, y todo por medio de particulares negociantes que navegan como a su riesgo y fortuna, según lo permiten la franqueza de los mares y la libertad de comercio, aunque resultase alguna pérdida por interceptarse en el camino... [11]

El plan así esbozado fue el que en rasgos generales siguió el gobierno español para ayudar a la Revolución Norteamericana, aunque no lo hiciese con la celeridad y con el itinerario marcado por Aranda. Y es que España tenía mucho que perder, mucho más que Francia, de haberse lanzado abiertamente a una guerra contra la Gran Bretaña, en 1776. La anterior le había acarreado la pérdida de La Habana y del enorme botín del que allí se habían apoderado los británicos, además de la desarticulación del régimen de navegación de las flotas con los caudales de las Indias, cuya escala final era La Habana. El poderío francés estaba en decadencia y eso lo sabían los españoles. A éstos les complacía la perspectiva de perjudicar a la Gran Bretaña en sus colonias;

11. *Ibídem*, pág. 12.

pero querían estar seguros de que no sería España la perjudicada.

Mucho se habla de la duplicidad y la falta de escrúpulos de la diplomacia británica; pero es bien cierto que en los tiempos que estamos describiendo la diplomacia española corría parejas con la de la Gran Bretaña en cuanto al disimulo y el engaño. El gobierno de Madrid hizo todo lo posible por embaucar al de Londres en cuanto a sus intenciones y sus actividades, y más de una vez lo logró; pero la Gran Bretaña también tenía su juego para aparecer como engañada y evitar o por lo menos posponer una ruptura.

Los barcos mercantes de las Trece Colonias que durante mucho tiempo y con el pabellón británico habían mantenido su comercio regular con los puertos peninsulares españoles de Cádiz, Málaga, Bilbao y El Ferrol, a fines de 1775 regresaban a las Trece Colonias cargados con material de guerra. El Earl of Rockford dirigía las relaciones exteriores británicas a la sazón y le instruía a su embajador en Madrid, que lo era Lord Graham, para que protestase por el hecho de que los buques norteamericanos, a pesar de todas las promesas del Príncipe Mazerano, embajador español en Londres, y del primer ministro, Marqués de Grimaldi, regresaban con cargas de armas y pertrechos.[12] Grimaldi, aunque se le tildaba de inclinarse a la Gran Bretaña, mantuvo su rejuego hasta que dejó su cargo. Lord Graham le decía al Foreign Office que Grimaldi le había dado

> ...en un lenguaje muy amistoso para nosotros, y político respecto a su propio gobierno, la razón más convincente por la cual este Reino y su gobierno desaprueban el auge de la independencia norteamericana en nuestras colonias...[13] (Traducción del Autor).

Y así siguió Lord Graham en el desempeño de su misión, sin llegar a comprender que España se preparaba metódicamente para la guerra y confiado en las seguridades que le daba el gobierno de Madrid, a las que él agregaba la información de que los dirigentes españoles estaban convencidos de que la independencia de los Estados Unidos sería un mal ejemplo para las colonias de España en América. Cuando Lord Graham se equivocaba de esta guisa, a principios de 1777, ya hacía varios días de que Arthur Lee, en representación del Congreso Continental, estaba en Madrid para concertar más acuerdos sobre la ayuda de

---

12. *Ibídem*, págs. 14-15.
13. Portell-Vilá, *Historia...*, ya citada, vol. I, pág. 70.

España a la independencia de los Estados Unidos. Ya las escuadras españolas habían completado sus preparativos para la hostilidades contra los británicos en aguas del Nuevo Mundo, y bajo el mando supremo del almirante Miguel Gastón se hacían a la mar en Cádiz y en El Ferrol para cruzar el Atlántico de acuerdo con las flotas francesas de d'Estaing y de DeGrasse.

El ministro Josef de Gálvez, a cargo de las colonias españolas, en septiembre de 1776 le había comunicado a su sobrino, Bernardo de Gálvez, destinado a ilustrar su nombre como gobernador de Luisiana, las instancias del embajador británico en Madrid para que España siguiese el ejemplo que acababa de dar Portugal y les cerrase todos los puertos de España y de sus colonias a los corsarios y los barcos mercantes de las Trece Colonias. También le informaba de que el gobierno de Madrid había declinado el acceder a tales peticiones con el pretexto de que, de hacerlo así, los norteamericanos rebeldes se convertirían en enemigos de España y sin que la Gran Bretaña pudiera impedírselo con efectividad, atacarían los buques españoles en todos los mares, interferirían con su comercio y asaltarían las posesiones de España. Por todas esas razones el gobierno de Madrid había instruido a los gobernadores de Cuba, Santo Domingo, Puerto Rico y la Luisiana para que diesen entrada en sus puertos a los norteamericanos y los recibiesen «...cordialmente, aunque se presenten con bandera propia y distinta a la británica». A esto se añadía, todavía más claramente, que «...los americanos con su propia bandera y con cualquiera presa han de ser recibidos y tratados en los casos de urgencia y previsión con la misma hospitalidad que lo serían los ingleses y los franceses».[14] Por supuesto que esto era un paso concreto hacia el reconocimiento de la beligerancia de las Trece Colonias.

Hay que tener en cuenta que a pesar de que el reinado de Carlos III era el más liberal y progresista de toda la historia de España, persistían las tradicionales restricciones políticas y religiosas a la prensa de la época. Esto no obstante, como señala Morales Padrón,[15] en el periódico Gaceta de Madrid se publicaban regularmente «...noticias sobre la lucha y comentarios elogiosos para los caudillos rebeldes». Todavía iba más lejos El Mercurio Histórico y Político, el cual elogiaba abiertamente a la Revolución Norteamericana y justificaba la Declaración de la Independencia, de Filadelfia, al decir:

14. *Ibídem*, vol. I, pág. 77.
15. Morales-Padrón, *ob. cit.*, pág. 10.

...La pintura de sus quejas y agravios, el acuerdo de la madurez que ha reinado en su Congreso, el vivo ardor con que los colonos han procurado socorrer a aquéllos de entre sus hermanos que padecían por la causa común, el esfuerzo varonil con que se muestran unánimemente resueltos a hacer frente a todos los peligros antes que permitir que se deroguen sus privilegios y, finalmente, hasta la misma conducta del Parlamento británico, que no ha respondido sino con actos de autoridad, todo parece que hace respetable y sagrada su resistencia y justas sus pretensiones...

Había, pues, en la propia España, una opinión pública favorable a la Revolución Norteamericana. Cierto que en todo eso jugaba un papel muy importante el hecho de que los españoles tenían viejos agravios contra los británicos, a causa de siglos en los que habían sufrido las depredaciones de los corsarios británicos y habían perdido territorios y tesoros a manos de los ingleses. Gibraltar y la Isla de Menorca eran ya «tierra irredenta» para los españoles porque la Gran Bretaña se había apoderado de esas dos porciones de los dominios españoles en la Guerra de Sucesión al Trono de España y por espacio de más de setenta años se había negado a devolverlas. Una guerra victoriosa se esperaba que serviría para recuperar a Menorca y a Gibraltar, con algunas posesiones en América; pero España tenía sus reservas en cuanto a la alianza directa y formal con las Trece Colonias y nunca pasó de la ayuda diplomática y material para la guerra, y de las hostilidades directas contra la Gran Bretaña, por su propia cuenta y sin coordinar sus escuadras y sus ejércitos con los de los Estados Unidos, cosa ésta que sí hizo Francia. España, a virtud del Pacto de Familia, peleó en la Guerra de Independencia de los Estados Unidos como aliada de Francia y contra la Gran Bretaña como el enemigo común; pero sin el reconocimiento inicial de la nueva nacionalidad, el cual tuvo que esperar hasta después del Tratado de París.

A principios de 1776, antes de la Declaración de la Independencia, de Filadelfia, ya el gobierno de Madrid tenía decidido el ayudar a los norteamericanos en su lucha contra los británicos y buscaba tener informes fidedignos acerca del Congreso Continental, del Ejército Libertador, del general Washington y de los recursos con que contaban las Trece Colonias y del curso de la lucha.

El 28 de febrero de 1776 don Josef de Gálvez, el ministro de las Indias, tomaba la iniciativa para utilizar a Cuba como centro de operaciones contra los británicos y en favor de los norteamericanos. Los españoles habían llegado a la conclusión de que Cuba, por su tamaño, su posición geográfica, sus recursos, su población, sus astilleros y sus arsenales, podía ser la base para la campaña en el Valle del Mississippi y en torno al Caribe, con la que se esperaba la destrucción del poderío británico en esta parte del mundo. Una real orden de la fecha arriba citada le fue enviada al Marqués de La Torre, Capitán General de Cuba, para que enviase agentes de confianza a Panzacola, a San Agustín y a otros lugares de la Florida, así como a Jamaica y a las Trece Colonias, con diversos pretextos, a fin de que recogiesen informes sobre el curso de los acontecimientos, así como acerca de las intenciones de los norteamericanos respecto a tratados y acuerdos con otras naciones. Miguel Antonio Odoardo o Eduardo, o Edwards [16] fue el primer agente que el gobierno de La Habana envió a las Trece Colonias, en 1776, pero la misión culminó en un fracaso. Viajaba en un buque mercante que debía simular una arribada forzosa en algún puerto norteamericano, y antes de que pudiera realizar con éxito su plan, una fragata de guerra británica interceptó el barco en que él viajaba y lo hizo prisionero. Es posible que Odoardo o Edwards fuese otro de los irlandeses al servicio de España.

El Marqués de La Torre tuvo noticias del primer fracaso de su plan tendiente a establecer contactos con los norteamericanos y no por eso cejó en su empeño. Además, había recibido reiteradas órdenes bien terminantes del gobierno de Madrid para que obtuviese y trasmitiese noticias relativas a la Revolución Norteamericana y tenía que cumplirlas. En agosto de 1776 el ministro Gálvez le ordenó al Marqués de La Torre que enviase otros dos agentes a las Trece Colonias: uno para que fuese observador del curso de las hostilidades y el otro para que estuviese al tanto de las actuaciones del Congreso Continental, no sólo en lo referente a la Revolución Norteamericana en sí, sino en lo que pudiera representar para las colonias españolas en América.

Al actuar con toda la posible discreción el Capitán General de Cuba despachó para Haití al coronel Antonio Raffelin, francés de nacimiento, quien estaba al mando del escuadrón «Dragones de América», estacionado en La Habana, con el ostensible objetivo de visitar a sus familiares residentes en esa colonia francesa. El comerciante habanero Luciano de Herrera quien, como era cosa corriente, también se dedicaba al contrabando, se embarcó para Jamaica en un barco dedicado al comercio ilícito con esa posesión

---

16. *Bicentennial Bulletin*, del Hall of Records, Annapolis, Md., julio de 1976, páginas 74-76.

británica, porque de ese modo podía recoger las noticias políticas, militares y económicas que le interesaban a España. La misión más peligrosa se le encomendó a Juan Josef Eligio de la Puente, el contador mayor del Tribunal de Cuentas, quien secretamente se trasladó a la Península de la Florida, donde había nacido y en la que había vivido hasta 1763, cuando España canjeó a La Habana por las Floridas, al hacer la paz con la Gran Bretaña. Eligio de la Puente ya había estado en San Agustín de la Florida por los años de la dominación británica, como un representante del Capitán General de Cuba al que se le habían encomendado gestiones diplomáticas ante el gobernador británico, quien le conocía muy bien. Si los ingleses lo hubiesen descubierto, escondido entre los indios floridanos y dedicado a recoger y a enviar a Cuba noticias acerca de las Trece Colonias, no lo habría pasado muy bien; pero la suerte le acompañó y los indios amigos suyos le fueron fieles y nunca lo delataron. [17]

Ahora bien, la gestión diplomática más importante le correspondió a Juan de Miralles, acaudalado comerciante habanero, casado con Ana Josefa Eligio de la Puente, hermana del agente Juan Josef Eligio de la Puente y quien, como acabamos de relatar, ya estaba destacado en la Península de la Florida, en lo que hoy llamaríamos trabajos de «inteligencia».

d) Miralles y su misión

Fue en 1931 que por primera vez, durante mis investigaciones sobre las relaciones cubano-norteamericanas, me encontré con el nombre de Juan de Miralles, mencionado en las copias mecanografiadas de documentos españoles, hechas por Elizabeth West y que se guardaban en la División de Manuscritos de la Biblioteca del Congreso, de Washington, D. C. Poco se sabía por entonces acerca de la personalidad de Miralles, inclusive en Cuba. Unos años después comencé a publicar mis estudios iniciales acerca de Miralles en la revista «Universidad de La Habana» (1935), en «Bohemia», también de La Habana, y en «The Havana Post», con los datos obtenidos en los archivos de los Estados Unidos y de Cuba, así como los de España, país que por entonces visité. Todo un capítulo del tomo primero de mi «Historia de Cuba en sus relaciones con los Estados Unidos y España» (La Habana 1938 y Miami, Florida, 1969), páginas 67-101 y la primera biografía de Mi-

17. Portell-Vilá, *Historia...*, ya citada, vol. I, pág. 78.

ralles, que publiqué en 1945, ya despertaron la atención de los historiadores en torno a la figura y la actuación de aquel habanero quien llegó a ser amigo de Jorge Washington; pero todavía no se le conoce como se debiera especialmente en los Estados Unidos, donde vivió sus últimos años. En el Congreso de Americanistas, de Nueva York, en 1950, presenté un trabajo acerca de Miralles que sólo mereció una breve mención en el programa.

Pero en 1971, después de las menciones hechas por Samuel Flagg Bemis, que ya hubo otro estudio acerca de Miralles, en español, del escritor cubano José Isern, [18] y Helen Matzke McCadden ha publicado un extenso trabajo sobre Miralles, [19] en el que utilizó con frecuencia mis obras históricas para documentarse en su biografía, con citas muy elogiosas.

Durante más de cuarenta años estuve reuniendo datos acerca de la vida de Miralles, con el propósito de publicar una biografía definitiva al llegar la conmemoración del bicentenario de la Revolución Norteamericana, al mismo tiempo que iba dando a la imprenta otros estudios, más breves, referentes a Miralles y a su misión en las Trece Colonias. En 1944, con la generosa cooperación de la Sociedad Colombista Panamericana, de La Habana, logré la colocación de una tarja de bronce en el lugar donde habían estado los astilleros del Arsenal de La Habana, para recordar que allí habían sido reparados, artillados y equipados los buques de guerra norteamericanos de Carolina del Sur, mandado por el almirante Alexander Gillon, en 1778, y que el costo de esos trabajos había sido financiado por Miralles. Luego, en 1950, y de nuevo con la cooperación de la Sociedad Colombista Panamericana, obtuve la colocación de otra tarja de bronce en la antigua casa que había sido la residencia familiar de Miralles, en la calle de Aguiar entre la de Peña Pobre y la Avenida de las Misiones, en La Habana. Libros, copias de documentos, papeles inéditos, grabados antiguos, etc., recogidos a lo largo de muchos años, como el manuscrito casi completo de la vida de Miralles, se guardaban en mi biblioteca particular de la calle Línea, 962, Vedado, La Habana, cuando fue asaltada por los milicianos comunistas de Castro, que la saquearon, mientras yo estaba en Canadá, en la noche del 6 de agosto de 1960, después de que había salido de La Habana bajo la protección diplomática brasilera. Toda esa papelería se perdió por entonces, a lo menos para mí, y

18. *Pioneros cubanos en USA.* por José Isern, Miami, Cenit Printing, 1971, págs. 41-55.
19. *Juan de Miralles and the American Revolution,* por Helen Matzke McCadden, en «The Americas», 1973, vol. XXIX, núm. 3, págs. 359-374.

después he tratado de reconstruirla en lo posible durante este largo exilio en los Estados Unidos; pero sólo hasta cierto punto. No se ha logrado el apoyo necesario de la Ford Foundation, del American Council of Learned Societies, de la Bi-Centennial Commission of the Woodrow Wilson School of International Studies (Smithsonian Institution), de la John Simon Guggenheim Memorial Foundation y de la propia Bi-Centennial Commission of Washington, D. C., a pesar de todas las gestiones hechas para interesar a las sociedades eruditas de los Estados Unidos en la preparación de una obra sobre «Los otros extranjeros en la Revolución Norteamericana».

Por supuesto que con los materiales que había reunido y que perdí, los cuales incluían hasta papeles familiares de Miralles, habría podido completar una obra definitiva acerca de Miralles y sus tiempos; pero los años pasan y he llegado a la conclusión de que hay que publicar este estudio más modesto, de modo que esté en circulación en los años del Bicentenario de la Revolución Norteamericana, entre el gran número de aportes fundamentales hechos por otros historiadores más afortunados.

Don Juan de Miralles y Trailhon, hijo de una de las familias francesas que se establecieron en España bajo el reinado de Felipe V, fundador de la dinastía de los Borbones de España, nació en Pedrell, provincia de Alicante. Ya habían otros Miralles en España con anterioridad; pero esta rama de la familia era oriunda de Saintonge, región cercana a La Rochela, centro del protestantismo francés, lo que lleva a sospechar que pudiese haber tenido contactos hugonotes y que éstos hubiesen sido factores determinantes de la emigración de los Miralles a España cuando en Francia se perseguía sañudamente a los protestantes. Esto estaría en línea con las versiones circulantes en La Habana acerca de que Miralles no era muy ortodoxo en su catolicismo y hasta se le acusó por eso. Además, también se le creía perteneciente a la masonería, la que ya existía en España durante el siglo XVIII, y así también en La Habana. La masonería cubana se reforzó durante la breve dominación británica en La Habana (1762-1763), cuando los invasores ingleses y norteamericanos establecieron allí la Logia «San Andrés de Escocia», que funcionó en el antiguo Convento de San Francisco.

Muy joven aún y todavía en España, Miralles había comenzado a trabajar con la firma comercial de Aguirre, Aristegui y Compañía, de Cádiz, la cual tenía negocios con los británicos y los norteamerianos, así como con las colonias españolas de América, a virtud de lo estipulado por la Paz de Utrecht (1713-1714), en cuanto al «Navío de Permisión» y el «Asiento para el Tráfico de Esclavos», las dos concesiones de tipo económico que la Gran Bretaña le había arrancado a España y que estaban vigentes en Cuba.

Miralles añadió el inglés al español y al francés por su labor como uno de los gerentes de Aguirre, Aristegui y Compañía, y así también cruzó el Atlántico y llegó a La Habana por los negocios de esa casa comercial. Ya en 1740 Miralles decidió establecerse por su cuenta en La Habana, dedicado al comercio cuando apenas si tenía treinta años. Su hombre de confianza era el corresponsal y contador Francisco Rendón, natural de Jerez de la Frontera, quien también había sido empleado de Aguirre, Aristegui y Compañía. Poco después ya Miralles tenía sus buques de cabotaje entre los puertos cubanos y los de la Península de la Florida, cuando ésta era todavía una posesión española y servía para el contrabando con las Trece Colonias.

El contrabando distaba mucho de ser una actividad que llevase aparejado el descrédito o la deshonra. Por el contrario, frente a las restricciones y los privilegios metropolitanos, tanto en las Trece Colonias como en Haití y en las posesiones españolas, el contrabando era una reacción de inconformidad y de protesta, algo así como una afirmación de independencia y de derechos. Tenía sus riesgos, por supuesto; pero era extraordinariamente lucrativo. Miralles, en La Habana, era tan contrabandista como Robert Morris lo era en Filadelfia, o John Hancock en Boston. Sus buques podían recoger cargamentos del «Navío de Permisión» británico, a cierta distancia de las costas de Cuba o llegar a San Agustín de la Florida, o a Panzacola, o a Mobila, donde los buques mercantes de Charleston, o Savannah, o Filadelfia, canjeaban artículos de comercio. El tráfico con los ingleses y los norteamericanos también incluía a los esclavos africanos del «Asiento», porque fue a virtud de la concesión que la Gran Bretaña, después abolicionista, le arrancó a España para llenarle sus colonias de esclavos, que Cuba llegó a tener en el siglo XVIII una enorme población de origen africano.

Los negocios de Miralles prosperaban prodigiosamente a partir de 1750. Había contraído matrimonio con una de las muchachas de la influyente familia Eligio de la Puente-González Cabello, tenía su residencia en la aristocrática calle de Aguiar, y su «escritorio comercial», con sus almacenes, junto a los muelles, estaba en correspondencia con otros comerciantes, españoles y extranjeros, y le quedaba tiempo para atender a sus deberes religiosos y sus atenciones sociales.

La expedición británica contra La Habana, en 1762, produjo un notable cambio en la vida apacible de Miralles. La Guerra del Pacto de Familia había estallado y Juan de Prado Portocarrero, el Capitán General de Cuba, quería estar al tanto de los preparativos que hacían los británicos para atacar a La Habana. A ese efecto le encomendó a Miralles que se dirigiese a Jamaica, ostensiblemente con el objeto de comprar esclavos africanos; pero, en realidad, para recoger informaciones acerca de los planes del almirante George Pocock y del general Conde de Albemarle. Los británicos habían adoptado extraordinarias precauciones para rodear del mayor secreto su formidable expedición. Sus fragatas de avanzada descubrieron e interceptaron el buque en que iba Miralles,[20] y lo mantuvieron a retaguardia mientras la escuadra y los transportes avanzaban hacia La Habana.

Pezuela nos dice que Albemarle no tardó en devolverle el prisionero Miralles al Capitán General de Cuba, rodeado de consideraciones que no fueron bien vistas por los más furibundos realistas españoles de la época. Circuló la especie de que Miralles, conocedor del idioma inglés y contrabandista que con frecuencia visitaba a Charleston, Savannah, Filadelfia y otros puertos norteamericanos, se había prestado a servirles de práctico a los británicos. Todo hace pensar que los enemigos que tenía Miralles debido a su altivez, su riqueza, sus andanzas, su cultura y, sobre todo, las conexiones con la masonería, se aprovecharon del incidente para presentar a Miralles como desleal traidor, y al servicio de los británicos, y también como hereje.

Cierto que Miralles se condujo discretamente durante la dominación española en La Habana, aunque prestó importantes servicios a los habaneros que tenían que tratar con los conquistadores británicos y explicó en detalle las circunstancias de su captura y de su breve cautiverio bajo el control de la escuadra atacante. Años más tarde, en 1774, persistían las acusaciones contra Miralles y con ocasión de una visita que Miralles hacía al prominente vecino Francisco Javier Rodríguez, se trabó de palabras allí mismo con el abogado Manuel José de Urrutia, quien le acusó de traidor. Miralles entonces le dio de bastonazos a su ofensor y la policía tuvo que actuar en el caso. En el proceso así incoado se calificó a Miralles de extranjero, o sea, no español; pero sin aclarar cuál era su nacionalidad.[21]

20. *Sitio y rendición de La Habana en 1762*, por Jacobo de la Pezuela, Madrid, Imp. Rivadeneyra, 1859, pág. 37.

21. Portell-Vilá, Miralles..., *ob. cit.* Caso típico de la ligereza de ciertos historiadores norteamericanos al referirse a Miralles, muy distinto del de Helen Matzke McCadden, es el de Burke Davis, autor de *George Washington and the American Revolution* (New

Tal había sido, descrita a grandes rasgos, la vida de Juan de Miralles hasta el momento en que, a principios de 1776, el Marqués de La Torre le escogió para la misión diplomática ante el Congreso de Filadelfia. No se hacía Miralles ilusiones en cuanto a los riesgos de la encomienda, mucho más porque era bien conocido de los británicos. Tenía yo entre los papeles que los milicianos comunistas me robaron, la copia del testamento de Miralles, documento redactado con la mayor minuciosidad, cual correspondía a un hombre de negocios que aspiraba a dejar todos sus asuntos en regla, ya que iba a cumplimentar una misión llena de peligros y que a su edad, cuando tenía más de sesenta años, se hacía más riesgosa porque le llevaba a tierras extrañas y entonces sacudidas por un movimiento revolucionario y por una guerra cruenta.

Las instrucciones dadas a Miralles le hacían depender directamente del Capitán General de Cuba, con quien debía mantener su correspondencia para todas las cuestiones relativas a su misión en las Trece Colonias. Podía dirigirse, por supuesto, a la principal autoridad metropolitana de España para los asuntos coloniales, que lo era don Josef de Gálvez, ministro de las Indias; pero no tenía facultades en cuanto al gobernador de Luisiana, quien dependía del Capitán General de Cuba, celoso éste siempre de sus prerrogativas. Le correspondía a Miralles el establecer cordiales relaciones con el Congreso Continental, con el general Washington y con los gobernadores de los estados, enterarse de cuáles eran sus propósitos para el porvenir en cuanto a España y sus posesiones, lograr la cooperación norteamericana contra los británicos de las dos Floridas y de los fuertes limítrofes con la Luisiana, y asegurarse de ciertos suministros alimenticios para Cuba y para Luisiana, como la harina de trigo, que España no podría mantener con regularidad tan pronto como le declarase la guerra a la Gran Bretaña. El antiguo contrabandista, pues, quedaba encargado de fundar el comercio entre Cuba y los Estados Unidos y con los buques que pudiera fletar, como así lo hizo.

Miralles era rumboso y se equipó con todo lo que el dinero

York, Random House, 1975, págs. 311 y 318). En la primera cita dice que Washington tenía una mala vajilla y que Miralles le había regalado otra, pero se refiere a Miralles como «the young Spaniard» o «el joven español», cuando Miralles era mayor que el general Washington, y en la segunda al hablar de Miralles, ya sesentón, en Morristown, N. J., dice que era «the Spanish boy» o «el muchacho español». Si el autor de libros serios, como Burke Davis, puede dar datos tan absurdos acerca de Miralles, no hay que maravillarse de que él y sus colegas, como the Bicenntenial Commision and the Smithsonian Institution sigan desconociendo al habanero que fue amigo de Jorge Washington.

podía comprar en La Habana, para llevarlo consigo y producir una buena impresión, aunque se tratase de un diplomático un poco irregular y que no estaba debidamente acreditado ante el gobierno de Filadelfia. Tenía que lograr a fuerza de habilidad, de obsequios discretos y de promesas, que se le considerase como el representante de España ante el gobierno de una nación que España no había reconocido como tal. Por el origen francés de su familia y porque hablaba ese idioma, no habría de serle difícil el cumplir con la instrucción referente a actuar de acuerdo con el embajador francés en Filadelfia, quien estaba bien acreditado ante el gobierno norteamericano. A fin de cuentas, a pesar de su renaciente poderío, España era como un socio de segunda clase en la alianza con Francia, y Miralles podía desempeñar el correspondiente papel secundario junto a los embajadores franceses, M. Gerard y el Chevalier de la Luzerne, como así lo hizo.

El 31 de diciembre de 1777 por fin Miralles emprendió viaje hacia las Trece Colonias, en el desempeño de su misión. Iba acompañado de Rendón, su secretario, a bordo del bergantín español «Nuestra Señora del Carmen», matrícula de Bilbao, al mando del capitán Anastasio de Urtetegui, quien desde septiembre había sido escogido para la arriesgada travesía que, comenzada en La Habana, haría una escala de simulada arribada forzosa en Charleston, Carolina del Sur, para luego seguir viaje a Cádiz. Una intentona semejante, meses atrás, había fracasado al pretender llevar al habanero Miguel Antonio Odoardo o Edwards, otro agente, a las Trece Colonias; pero el viaje de Miralles se realizó sin mayores dificultades a pesar de que el bergantín que le llevaba tuvo que pasar por frente a San Agustín de la Florida y Savannah, donde habían fuerzas navales británicas.

El 9 de enero de 1778 el «Nuestra Señora del Carmen» subió por el río Ashley hasta fondear frente a Charleston, S. C., donde ya se le esparaba a virtud de los avisos enviados desde La Habana y de los cuales habían sido portadores los indios floridanos.

e) *La Luisiana y su papel en la Revolución Norteamericana*

Pocos años hacía de que España había recibido de Francia toda la región de la Luisiana, como compensación por la pérdida de La Habana. De 1763 a 1776, en unos trece años, la Luisiana había pasado por una seria crisis política y económica. Los colonos franceses al principio se resistieron a convertirse en súbditos españoles y la nueva metrópoli tuvo que recurrir a medidas de fuerza para imponer su autoridad a los colonos franceses, los más levantiscos de los cuales fueron a parar a las prisiones militares en La Habana como parte de la represión dirigida por el general hispano-irlandés Alejandro de O'Reilly. La situación de la colonia era difícil cuando el brigadier Luis de Unzaga reemplazó a O'Reilly en el gobierno de la Luisiana, en marzo de 1770.[22] El enorme territorio dependía de la Capitanía General de Cuba y no tenía muchos productos propios para la exportación. Desde Panzacola y Mobila, sobre el Golfo de México, hacia el norte a lo largo de las Montañas Apalaches y de las tierras que se extendían hasta la margen Este del Mississippi, estaban los establecimientos coloniales británicos que flanqueaban la Luisiana hasta Fort Pitt, el que había sido Fort Vincennes para los franceses.

Unzaga se encontró con que el principal comerciante de Nueva Orleans era el irlandés-norteamericano Oliver Pollock, quien había ido a La Habana cuando la dominación británica, en 1762-1763, y se había quedado allí bajo la restauración española hasta que el capitán general Antonio María de Bucarely lo expulsó, con muchos otros extranjeros que allí se habían radicado. La protección del Conde de O'Reilly, sin embargo, le había permitido establecerse en Nueva Orleans, desde donde había seguido traficando con La Habana, con Charleston, con San Agustín y hasta con Filadelfia. En esta última ciudad su corresponsal mercantil era el negociante Robert Morris, llamado a ser el «financiero» de la Revolución Norteamericana.

A pesar de las enormes distancias y de las dificultades de las comunicaciones, había relaciones entre las gentes de diversas nacionalidades del Valle del Mississippi. Los británicos, sin embargo, vencedores de los franceses y de los españoles en la última guerra, tenían una posición preponderante en la región, aunque nadie se detenía a pensar que eso había sido así porque la Gran Bretaña había tenido el apoyo de las Trece Colonias durante la lucha: el contrapeso decisivo, en favor o en contra de la Gran Bretaña, estaba en las Trece Colonias.

El gobernador Unzaga se las había manejado con la mayor discreción; pero esto no obstante había observado una neutralidad favorable a los colonos sublevados, conforme a las instrucciones secretas recibidas de La Habana y de Madrid, mientras fomentaba cultivos, establecía factorías para comprar pieles pre-

---

22. *Ayuda española en la Guerra de Independencia Norteamericana*, por Buchanan Parker Thomson, Madrid, Cultura Hispánica, 1967, págs. 19-21.

ciosas, fundaba poblaciones en la cuenca del Mississippi e impulsaba el comercio con los indios. Los antiguos colonos franceses habían llegado a conformarse con la dominación española y ésta les trataba con grandes consideraciones. De Nueva Orleans a San Luis, fundada esta última en 1768, iban a remo y a vela las embarcaciones fluviales de unos cuatrocientos mercaderes que llevaban alimentos, ropas, licores, armas y municiones, así como medicinas, y que regresaban cargadas de pieles preciosas para la exportación. De San Luis iban las expediciones hasta Illinois, y a los buques extranjeros se les permitía que subiesen por el Mississippi desde Nueva Orleans hasta Manchac, cerca de Baton Rouge. No pocos de esos buques extranjeros eran británicos y por eso mismo el gobierno colonial español tenía que proceder con extrema cautela para no despertar sospechas, ya que no estaban lejos las bases británicas de Mobila y de Panzacola, con fuertes guarniciones y buques de guerra.

Ya en abril de 1776 el gobernador Unzaga había dado refugio de neutrales a varios buques norteamericanos perseguidos por los barcos de guerra británicos, a pesar de los riesgos que eso entrañaba; [23] pero es que estaba autorizado para ello desde La Habana y desde Madrid. Y en septiembre de 1776 el general Charles Lee, inglés al servicio del Congreso Continental y quien más tarde fue destituido por indisciplina y complots, entró en relación con el gobernador Unzaga, desde Virginia, y le propuso una acción militar conjunta contra los británicos de Mobila y Panzacola, con la promesa de que todo el territorio de las Floridas pasaría a los españoles. [24] El planteamiento hecho por el general Lee concretamente pedía el apoyo militar de España para la Revolución Norteamericana contra las guarniciones británicas de la América del Norte.

Cuando Oliver Pollock, el hombre de negocios norteamericano años atrás expulsado de La Habana, pero a quien se le había permitido establecerse en Nueva Orleans, decidió trabajar en favor de la independencia de los Estados Unidos, la ayuda española a los norteamericanos se hizo muy importante. Y es que Pollock era corresponsal de la mayor casa comercial de las Trece Colonias, la de Willing & Morris, de Filadelfia, uno de cuyos gerentes era Robert Morris, miembro del Congreso Continental y llamado por sus contemporáneos «el financiero de la Revolución Norteamericana». Tempranamente, en 1776, Pollock comenzó a traficar

23. Portell-Vilá, *Historia...*, ya citada, vol. I, pág. 75.
24. *Ibídem.*

con las colonias sublevadas a pesar de que éstas, en realidad, carecían de dinero y hasta de productos para el intercambio mercantil y la mayoría de las veces tenían que apelar al crédito o con los comerciantes españoles o con las autoridades coloniales españolas.[25] Como dice Thomson, Pollock decidió apoyar a la Revolución Norteamericana y lo hizo así, con efectividad; pero pudo hacerlo porque en España, en Cuba y en Luisiana se le permitió que desenvolviese sus actividades, que violaban la supuesta neutralidad, sin que se le llamase a capítulo. Es fácil a estas alturas el sostener el criterio de que los gobernadores Luis de Unzaga y Bernardo de Gálvez y los capitanes generales Marqués de La Torre y Diego José Navarro cooperaban con Pollock y ayudaban con él a la Revolución Norteamericana por simpatía y amistad personales; pero en el imperio español de la época no había lugar para tales sentimientos individuales en favor de los extranjeros.

Cuando en Cuba o en Luisiana o en la propia España se ayudaba al Congreso Continental, con una ayuda que oficialmente se pedía por parte de los Estados Unidos, eso era así porque tal era la política del gobierno español, seguida por sus representantes en La Habana, o en Nueva Orleans o a bordo de las escuadras españolas. Bernardo de Gálvez así lo demostraba en su oficio de marzo 21, 1777, al contestarle a su influyente tío, el ministro de las Indias, la real orden referente a ayudar a los corsarios de las Trece Colonias. El gobernador de la Luisiana le decía a don Josef de Gálvez que procedería «sin tanta escrupulosidad en el asilo de los corsarios americanos» en lo adelante,[26] o sea, que ya los había estado ayudando, aunque con ciertas limitaciones de las cuales prescindiría.

Oliver Pollock, ya en el papel de representante oficioso del Congreso Continental en Nueva Orleans, le envió un memorial en el que con todo detalle le dio cuenta de que el 16 de agosto de 1776, unos pocos días después de firmada la Declaración de la Independencia, de Filadelfia, había recibido y atendido al capitán George Gibson, al teniente William Linn y a dieciséis soldados norteamericanos, todos los cuales habían navegado río abajo por el Ohío y el Mississippi, desde Fort Pitt (hoy Pittsburgh), disfrazados como comerciantes.[27] La misión del capitán Gibson revestía mucha importancia. Era portador de cartas del general Lee y del «Committee on Safety», de Virginia, por el gobernador de Lui-

25. Thomson, *ob. cit.*, pág. 21.

26. Portell-Vilá, *Historia...*, ya citada, vol. I, pág. 77.

27. *Bernardo de Gálvez in Louisiana: 1776-1783*, por John W. Caughey, Berkeley, 1972, págs. 86-87 (Pelican Publishing Co).

siana, en las que se apelaba a la «generosity of the Spaniards» o «la generosidad de los españoles»,

...para que suministren los artículos de los cuales carecemos, que son mosquetes, mantas y drogas medicinales, especialmente la quinina... (Traducción del Autor).

Consta documentalmente que el gobernador Unzaga accedió a la petición de ayuda que le hacían a los norteamericanos. Al teniente William Linn se le entregaron nueve mil libras de pólvora que, colocadas a bordo de un transporte fluvial, fueron llevadas desde Nueva Orleans hasta Fort Arkansas, sin que los británicos pudiesen interceptar el embarque desde su orilla del Mississippi. En Fort Arkansas, bajo la bandera española y con su valiosa carga a salvo estuvieron los expedicionarios norteamericanos todo el invierno de 1776-1777, hasta que pudieron seguir viaje al Ohío, siempre protegidos, y la pólvora llegó a su destino y fue utilizada con éxito contra las tropas inglesas. [28]

Para acallar las protestas de los británicos, cuyos agentes iban desde Panzacola, Mobila y Natchez a Nueva Orleans, el gobernador español de Luisiana imaginó la estratagema de encarcelar al capitán Gibson por contrabando; pero a la primera oportunidad favorable lo puso en libertad y le entregó otras mil libras de pólvora y armas diversas, y le facilitó el riesgoso viaje de Nueva Orleans a Filadelfia, burlando la vigilancia de la escuadra inglesa, en un bergantín de Oliver Pollock, al mando del marino norteamericano George Ord, quien ya había sido prisionero de los ingleses. El capitán Gibson pudo llegar a Filadelfia, donde entregó al Congreso Continental el cargamento y la correspondencia que llevaba. Gibson entregó en Nueva Orleans una letra de cambio por las diez mil libras de pólvora, por valor de $ 1,850, a pagar cuando los Estados Unidos pudieran; pero los dos embarques, el de Gibson y el de Linn, llevaban otros materiales útiles para la Revolución Norteamericana. Los éxitos del famoso George Rogers Clark contra los británicos y sus aliados indios en Illinois, que preparaban la formación del Territorio del Oeste para los Estados Unidos, fueron en parte posibles por la ayuda española en el Valle del Mississippi. Desde el primer momento el curso de la Guerra de Independencia fue favorable a los patriotas y adverso a los británicos en esa región en la que España ayudaba directamente a la Revolución Norteamericana.

28. Thomson, *ob, cit.*, pág. 56.

El gobernador Luis Unzaga, de Luisiana, no sólo acogió a Gibson, a Linn y a sus hombres, y les ayudó, sino que dio respuesta alentadora al general Lee, al Congreso Continental y al Comité de Seguridad de Virginia en notas enviadas por conducto del capitán Gibson y que llegaron a su destino. En Virginia el famoso Patrick Henry había reemplazado a Edmund Pendleton como gobernador de ese estado, y fue Patrick Henry quien siguió insistiendo con los españoles para que apoyasen a las Trece Colonias y para que atacasen a los británicos hasta echarles de las Floridas y del Valle del Mississippi.

Ya por entonces los corsarios y los barcos mercantes de las Trece Colonias entraban en Nueva Orleans y en La Habana bajo la protección de la bandera española. No sólo adquirían vituallas y materiales de guerra, sino que lo hacían al crédito, a pesar de que el crédito del Congreso Continental estaba por los suelos y los préstamos eran riesgosos. Toda concesión de tipo económico hecha a los norteamericanos constituía una prueba concluyente de identificación. Además, aunque La Habana estaba a salvo de cualquier ataque británico por sus defensas y por la reacción de la escuadra afecta al Real Apostadero, lo que garantizaba la seguridad de los buques norteamericanos, la situación no era la misma en Nueva Orleans, que no era plaza fuerte de primer orden. Los británicos estaban en sus cercanías y con frecuencia visitaban a Nueva Orleans y estaban al tanto del movimiento de su puerto. En más de una ocasión los británicos protestaron por las facilidades y los favores que el régimen colonial tenía para con los norteamericanos; pero sus quejas no eran atendidas. Bien concretamente, cuando en 1777 los británicos protestaron ante el gobernador de Luisiana porque se había dado refugio en Nueva Orleans al buque corsario norteamericano «Columbus», capitán John Barry, el gobernador Bernardo de Gálvez les contestó que el rey Carlos III les había concedido inmunidad en el Mississippi a todos los barcos norteamericanos y que no se permitirían hostilidades en las aguas de la Luisiana. «Quienquiera que pelee en el río (Mississippi) incurrirá en la desaprobación de mi soberano y de acuerdo con mi deber tendría que oponérmele con toda la extensión de mi poderío». Estas palabras eran, en realidad, la confirmación de que España estaba ayudando a las Trece Colonias en su lucha libertadora y de que al efecto intimaba a la Gran Bretaña que dejase tranquilos a los norteamericanos o tendría que enfrentarse con los españoles. En ese momento ni siquiera Francia había adoptado una actitud tan firmemente favorable a los Estados Unidos. Es un error por parte de los norteamericanos de hoy el pasar por alto todo esto, como hace constar Buchanan Parker Thomson en su obra acerca de la ayuda española a las Trece Colonias. ¿Qué habría sido de los norteamericanos, cabe preguntar, muy especialmente desde Pennsylvania hasta Georgia, si los británicos hubiesen estado en libertad para atacarlos por la retaguardia desde el otro lado de las montañas? El hecho es que los británicos en la cuenca del Mississippi, en el Golfo de México y en aguas de Cuba, no se atrevieron a hacer operaciones en gran escala contra los buques, el comercio o las factorías de los norteamericanos.

Hay que añadir a esto que tanto en La Habana como en Nueva Orleans las autoridades coloniales españolas y los comerciantes y los vecinos, se dedicaban a ayudar a los norteamericanos en su lucha.

Caughey nos dice en su bien documentada obra sobre Bernardo de Gálvez, que con fecha 20 de febrero de 1777 el gobierno de Madrid envió dos reales órdenes al gobernador de la Luisiana sobre cierto cargamento que un supuesto comerciante español le entregaría para «su reventa» allí, y que entraría libre de derechos para ser depositado en los almacenes reales. El cargamento consistía en

...6 cajas de quinina, 8 cajas de otras medicinas, 108 rollos de telas de lana y de estameña, 100 quintales de pólvora en cien barriles, y 300 fusiles con sus bayonetas en 30 cajas... [29]

Un despacho secreto de la época especificaba que todos los artículos de ese cargamento pertenecían al Rey Carlos III; pero que habría sido «inconveniente el enviarlos en nombre suyo para socorrer a las colonias británicas», por lo que se utilizaba el expediente de un propietario nominal sin vinculaciones oficiales. De ese modo lo más que los ingleses podían hacer era quejarse de las actividades de unos comerciantes españoles y criollos quienes traficaban con los rebeldes; pero sin poder culpar a España, directamente.

El Capitán General de Cuba envió a Nueva Orleans a uno de sus hombres de confianza, a Miguel Antonio Odoardo o Eduardo o Edwards, quien ya había sido prisionero de los ingleses cuando éstos lo capturaron mientras iba rumbo a las Trece Colonias, en misión secreta. Odoardo había logrado regresar a La Habana, al ser puesto en libertad en un canje de prisioneros y luego de un cautiverio en el que los ingleses le habían llevado hasta la Bahía de Chesapeake, y el Capitán General de Cuba lo despachó para

29. Caughey, *ob. cit.*, pág. 88.

Nueva Orleans con órdenes de que actuase como comerciante importador y revendedor de mercancías comprometedoras, como las que acabamos de describir. El servicio británico de espionaje en seguida descubrió cuál era la verdadera misión de Odoardo, su antiguo prisionero bajo la acusación de espionaje, y las relaciones intercoloniales en Nueva Orleans se hicieron difíciles. Ante las protestas de los británicos, hechas desde Mobila y Panzacola, fue necesario retirar a Miguel Antonio Odoardo o Eduardo, de Nueva Orleans, y volvió a La Habana, donde tenía establecida su casa de comercio y de fletes marítimos, que disimulaban otras actividades. Algunos documentos españoles se refieren a esa casa de comercio de La Habana como la de Eduardo de Miguel, por una transposición de nombres, y afirman que fue tan importante en la ayuda de la Revolución Norteamericana como la de Gardoqui o la de Rodríguez, Hortaleza y Cía. Los españoles no dejaron de abastecer a los norteamericanos siempre que pudieron, no obstante la retirada de Odoardo, y sin exigir que el pago fuese de contacto. De haberlo hecho así, a menos de que Oliver Pollock hubiese logrado más préstamos entre sus colegas y amigos, no habría sido posible la entrega de los cargamentos enviados por España, ya que ni el Congreso Continental ni los gobiernos de los diversos estados tenían los recursos económicos necesarios para ello. «¡No vale ni un continental!», se decía por entonces para referirse a la muy depreciada moneda del Congreso Continental. Las operaciones de compraventa se hacían en «duros» españoles, piezas de buena plata de las que los españoles tenían el monopolio por las minas de México y de Perú.

Entre La Habana y Nueva Orleans se convino en que no habría documentos de embarque ni facturas, de modo que no quedase rastro o constancia de la compraventa. La precaución estaba muy justificada, ya que los británicos tenían sus informantes en la Luisiana, de la misma manera que los españoles los tenían en las Floridas y en Jamaica. Los envíos de La Habana a Nueva Orleans iban mayormente de contrabando.

A principios de 1777, ya cuando Bernardo de Gálvez era el gobernador de la Luisiana, recibió éste la carta que le enviaba el comandante George Morgan, jefe de la guarnición norteamericana en Fort Pitt, sobre el Ohío, en la que le hablaba de sus propósitos de cooperar en una expedición contra Panzacola y Mobila; pero también le pedía transportes, artillería, pólvora y provisiones, de los almacenados en Nueva Orleans. [30] Como señala Coughey, Gál-

30. *Ibidem*, págs. 90-92.

vez había recibido órdenes de su gobierno para que incitase a los norteamericanos a fin de que atacasen a Panzacola y a Mobila; pero tenía sus propias aspiraciones para llevar a cabo por su cuenta esas acciones de guerra cuando así le conviniese, y no aceptó la propuesta del comandante Morgan y prefirió darle largas al asunto. Ahora bien, en cuanto al material de guerra pedido por Morgan, el gobernador Gálvez actuó con mucha resolución y despachó lo pedido a bordo de una flotilla fluvial que hizo sin novedad el viaje a Fort Pitt y allí descargó su importante cargamento, valorado en setenta mil pesos de aquella época. Esta nueva y valiosa ayuda de España a la Revolución Norteamericana no pasó desapercibida para los espías británicos que actuaban en Nueva Orleans, y el gobernador de la Florida Oriental presentó la correspondiente protesta en un oficio dirigido a Gálvez, quien apeló a las más especiosas excusas para justificar lo ocurrido.

La Gran Bretaña decidió por entonces reforzar sus efectivos militares y navales sobre las costas del Golfo de México y a lo largo del Valle de Mississippi hacia el Norte, o sea, que los ingleses se preparaban para lanzarse sobre Nueva Orleans. Este plan se hizo más evidente después de las desacertadas aventuras de un grupo de irregulares norteamericanos mandados por el funesto capitán James Willing, cuyas fechorías contra las poblaciones pacíficas de la región, mientras alardeaba de que defendía la causa de la independencia, hicieron enorme daño por entonces a la Revolución Norteamericana.

Los buques de guerra británicos se aprovecharon de que Nueva Orleans no contaba todavía con fuerzas suficientes para defenderse, y hubo provocativas exigencias y amenazas ante las autoridades españolas, sin que el Congreso Continental se decidiese a llamar a capítulo al capitán Willing, bien respaldado por los amigos que tenía en Filadelfia, aunque Oliver Pollock desaprobaba sus actividades, que llegaron a perjudicar a George Rogers Clark en sus planes para la expansión revolucionaria hacia el Oeste.

Es Thomson quien nos dice, con sobra de razones, que si la ofensiva británica en la parte alta del Mississippi, surgida como una reacción contra las depredaciones de Willing, hubiese llegado a tener buen éxito contra los norteamericanos de George Rogers Clark, «...la batalla de King's Mountain nunca se habría celebrado; el cambio del curso de la guerra en el Sur por la derrota de Cornwallis no hubiera acaecido, y las Carolinas se habrían perdido para la Confederación de los Estados».[31] La habilidad y la

31. Thomson, *ob. cit.*, pág. 82.

resolución con que los españoles de la Luisiana se las manejaron y lo bien que utilizaron los materiales de guerra y los dineros que recibían de Cuba y de México y que en buena parte iban a manos de los norteamericanos, influyeron poderosamente en el curso de la guerra en favor de los Estados Unidos. Esto lo reconocieron el general Washington, el Congreso Continental y los dirigentes patriotas de Virginia y las Carolinas; pero lo pasan por alto no pocos historiadores norteamericanos contemporáneos de nota.

Patrick Henry abogó vigorosamente por la cooperación española a la independencia de los Estados Unidos en la carta que con fecha 20 de octubre de 1777 le escribió a Bernardo de Gálvez, el gobernador de la Luisiana, cuyo texto se reproduce en la citada obra de Caughey.

Y es de justicia repetir que los éxitos militares y políticos de George Rogers Clark contra los ingleses de Ohío y de Illinois en buena parte se debieron a la ayuda eficaz recibida a través de la Luisiana. Cierto que Oliver Pollock desempeñó un papel muy importante en todo esto; pero nada le habría sido posible sin el respaldo que las autoridades españolas le habían dado en todo momento. Y hay que insistir sobre el punto de que bajo el régimen colonial español Oliver Pollock era simplemente tolerado en Nueva Orleans y la ayuda que por su cuenta podía enviar a los combatientes norteamericanos era la que le facilitaban desde España, Cuba, México y Luisiana. No tenía otros posibles proveedores sino España y sus colonias, tanto para lo que pudiera hacer por su cuenta como para lo que los españoles le suministrasen directamente. En estos empeños Pollock gastó todos sus caudales y empeñó su crédito, ya que con frecuencia tenía que pedir prestado a las autoridades españolas y a sus colegas y amigos de La Habana y de Nueva Orleans.

El gobierno de Madrid alentó a los norteamericanos para que atacasen a los británicos en Panzacola y se apoderasen de la plaza con la promesa de que se la entregarían a España, a cuyo efecto instruyó al gobernador de la Luisiana para que les dijese a los colonos sublevados que

...con la mayor cautela y secreto el Rey celebrará que lo consigan y que asegurada su independencia se tratará de la entrega que prometen a favor de España. que para facilitar ambos objetos irá recibiendo V. S. por La Habana y por cuantos medios sea posible los socorros de armas, municiones, ropas y quinina que piden los colonos. Que se pasa aviso reservado al gobernador de La Habana que irá recibiendo por los correos mensuales armas y otros géneros para remitírselos al gobernador de Luisiana, y que también le envía el sobrante de pólvora que haya en La Habana, de la fábrica de México, y el que hubiese de fusiles en La Habana... [32]

Efectivamente, el Capitán General de Cuba y el Virrey de México recibieron las reales órdenes para esos suministros de material de guerra, todo rodeado del mayor secreto. Morales Padrón nos dice que en enero de 1777 se hizo a la vela en La Coruña el buque correo destinado a La Habana, que llevaba a bordo para los norteamericanos del Mississippi nueve mil varas de paño azul, diez y ocho rollos de lana sin teñir, de las fábricas de Alcoy, mil setecientas varas de paño blanco de lana y dos mil doscientas noventa y dos varas de estameña, todo ello para la confección de uniformes y frazadas que necesitaban las tropas de George Rogers Clark. Esas telas fueron transbordadas en La Habana y enviadas a Nueva Orleans con la pólvora que allí había disponible. [33] El interesante estudio de Morales Padrón agrega que el buque correo de febrero de 1777 partió de España para la Habana con un cargamento de trescientas libras de quinina en cajas especiales y dos cajas de botonaduras para uniformes; pero este aporte se completó en La Habana con cinco toneladas de pólvora, trescientos fusiles con sus bayonetas y catorce bultos de estameña. El misterioso Miguel Antonio Odoardo entregó en Nueva Orleans este material de guerra.

f) Preparativos de guerra en España, Cuba y Luisiana

El gobierno español, aunque unido al de Francia por el Pacto de Familia, no se hacía ilusiones en cuanto a la lealtad de sus aliados franceses. Cuando Luis XVI, ante la noticia de la derrota y rendición de los ejércitos del general británico John Burgoyne, en Saratoga, en diciembre de 1777, decidió declarar la guerra a la Gran Bretaña para apoyar abiertamente a las Trece Colonias, todavía España rehusó entrar en la contienda, aunque en esos momentos Juan de Miralles salía de La Habana para actuar ante el Congreso Continental. En Madrid no estaban seguros de la virtualidad del esfuerzo revolucionario norteamericano y tampoco de la efectividad de la preparación militar y naval de los franceses.

El Conde de Aranda (Pedro Pablo de Abarca y Bolea), emba-

32. Morales-Padrón, *ob. cit.*, pág. 17.
33. *Ibídem.*, pág. 18.

jador español en París, no era la única fuente de información con que contaba el gabinete de Madrid. Don Ventura de Llovera, tesorero extraordinario de Carlos III en París, también tenía sus contactos en la corte de Luis XVI. Ambos funcionarios estaban al tanto de los febriles trabajos que se hacían para preparar las formidables escuadras con que los almirantes d'Estaing y De Grasse cruzarían el Atlántico para apoyar a la Revolución Norteamericana. Las actividades del Marqués de Lafayette y de otros jóvenes de la nobleza francesa en ayuda de las tropas de Washington eran bien conocidas. Y cuando se organizó y equipó la expedición miltiar de desembarco al mando del general Jean Baptiste Donatien de Vimeur, Conde de Rochambeau, los agentes españoles lo sabían todo y se lo informaban a su gobierno. Estaban relacionados en París con los representantes de las Trece Colonias y tenían noticias concretas de lo que ocurría en ellas, porque lo que hoy llamaríamos el «servicio de inteligencia» español funcionaba desde Cuba y desde Luisiana, a través de las dos Floridas, hasta las Carolinas y Virginia, y esos informes iban desde La Habana a Madrid. Prueba de esto la tenemos en que el embajador español Conde de Aranda, en seguida se enteró de la llegada de Benjamín Franklin a París, a pesar de que el canciller francés, Vergennes, pretendía ocultársela.

La representación inicial de las Trece Colonias la habían tenido Silas Deane, de Connecticut, y el médico Barbeu Dubourg, de quien poco hablan los historiadores norteamericanos, y con ambos fue que la diplomacia española tuvo sus primeros contactos, que luego siguieron con Benjamín Franklin y con Arthur Lee. Es de dudar que la diplomacia española tuviese todos los datos acerca de que Edward Bancroft, el secretario de Franklin, era un espía al servicio de los británicos; pero, de todos modos, sospechaba que el gabinete de Londres estaba al tanto de las actuaciones y los acuerdos de los representantes de las Trece Colonias, y por eso se mostraba en extremo cautelosa, a fin de no dar pretexto para una violenta reacción por parte de los ingleses antes de que España y sus colonias hubiesen estado preparadas para repeler un ataque británico.

El embajador Aranda se vio obligado a reprocharle a Vergennes la reserva de los franceses en cuanto a la misión diplomática norteamericana; pero ya a fines de 1776 Franklin, Deane y Lee, como «Plenipotenciarios de las Provincias Unidas de la América Septentrional», solicitaron de manera oficial una entrevista con Aranda, que tuvo lugar el 4 de enero de 1777, en la que Franklin propuso formalmente que hubiese en Madrid una comisión norteamericana de contacto, como la que ya había en París. Cuatro días más tarde volvieron a reunirse Aranda y Franklin, ocasión en la que este último presentó un memorial en el que pedía a nombre de los Estados Unidos la ayuda de España.

Fue con esta petición concreta que se convocó a la Junta de Estado de España, a principios de 1777, para decidir la política a seguir en cuanto a la solicitud norteamericana. Morales-Padrón hace constar que el acuerdo de la Junta de Estado fue contrario a la alianza con las Trece Colonias, como la pedía Franklin, aunque favorable a ayudar a los norteamericanos. Además, se decidió el intensificar todos los preparativos de guerra en previsión de la ruptura de hostilidades con la Gran Bretaña. Los seis puntos acordados por la Junta de Estado, los cuales transcribe Morales-Padrón,[34] ya trazaban la política de la ayuda de España y de sus colonias a los Estados Unidos, con el razonamiento de que más convenía a ambas partes la no concertación de una alianza formal, y la afirmación de que había que prepararse para la guerra; pero sin precipitar los acontecimientos.

La situación se hacía apremiante en las Trece Colonias con los refuerzos enviados por la Gran Bretaña y la inseguridad con que actuaban las bisoñas tropas de Washington. Entre las peticiones que el comisionado Arthur Lee llevó personalmente a España y que tuvo que presentar en Burgos al Marqués de Grimaldi porque se quiso evitar que las negociaciones fuesen conocidas de la diplomacia británica si Lee llegaba a Madrid, figuraba la de que España facilitase el reclutamiento de oficiales irlandeses veteranos, de los que se habían refugiado en España para salvarse de la aplastante dominación británica en Irlanda. Si así se hubiese hecho Alexander O'Reilly, Ambrose O'Higgins y otros irlandeses famosos en la América Latina, habrían terminado por ser norteamericanos.

Morales-Padrón, en su tantas veces citado estudio, nos dice que el Conde de Floridablanca (José Moñino y Redondo), sucesor de Grimaldi en la dirección de la política exterior de España, le escribió a Arthur Lee, en respuesta a sus peticiones, una comunicación que llegó a manos del comisionado norteamericano cuando éste pasaba por Vitoria, ciudad española de las Provincias Vascongadas, ya en viaje de regreso a Francia. En esa comunicación le decía:

34. *Ibíd.*, pág. 18.

...La suerte de las colonias nos interesa muy vivamente y se hará por ellas cuanto permitan las circunstancias... Se han dado ya eficaces providencias para socorrerlas, no sólo por Luisiana, sino por otras vías, como podrá atestiguarlo ahí don Diego Gardoqui... Estas mismas disposiciones se seguirán con actividad, enviando de España lo géneros que pueda surtir el país y por lo que toca a otros de los que no somos sobrantes, se le proporcionarán en París algunas letras de cambio para que puedan comprarlos en Holanda y cuidar él mismo el envío a América... Se expedirán las órdenes e instrucciones convenientes a nuestro embajador Conde de Aranda para todo lo necesario y por último, que aun en el punto de destinar algunos oficiales irlandeses, no siendo esto en España tan fácil de ejecutar como en Francia, pues tenemos escasos números de ellos, se verá si puede verificarse con algunos que quieran ir como voluntarios y que tengan las cualidades convenientes de secreto, valor y conducta... Para gobierno de V. E. diré, finalmente, que ha resuelto S. M. dar por ahora un socorro de quinientas mil libras tornesas, parte en géneros del país (de lo que se tratará después directamente con Gardoqui), y parte en dinero; pero que no parece del caso expresar al Diputado la suma fija, así como para excusar reconvenciones si la juzga corta, como para no comprometernos y estar en libertad de irla aumentando según el tiempo y las circunstancias... [35]

Esta comunicación le fue entregada personalmente a Arthur Lee en la ciudad de Vitoria por el Marqués de Grimaldi, quien acababa de cesar en su cargo de ministro de Relaciones Exteriores, pero estaba encargado de esa misión, y Lee partió de regreso a París, donde el embajador Conde de Aranda le ratificó todo lo actuado por su gobierno y la declaración de que las letras de cambio prometidas le serían entregadas tan pronto como se recibiesen, lo que así se hizo.

El intérprete entre Grimaldi y Arthur Lee, tanto en Burgos como en Vitoria, lo fue el comerciante bilbaíno Diego de Gardoqui, gerente principal de la firma mercantil Gardoqui e Hijos, de Bilbao, que ya estaba dedicada al comercio al crédito con las Trece Colonias. Ocho años más tarde Gardoqui fue nombrado ministro plenipotenciario de España ante el anárquico gobierno de la Confederación de los Estados Unidos, pero durante mucho tiempo su casa de comercio y de banca había remitido a las Trece Colonias importantes cantidades de material de guerra como el intermediario a quien se le encargó la compra, el embarque y

35. *Ibíd.*, pág. 23.

el financiamiento del intercambio comercial hispano-norteamericano, así como las operaciones mercantiles que España contrató en favor de las Trece Colonias en Holanda y en otros países.

A pesar de la cautela con que se manejaba el gobierno de Madrid para evitar o demorar la raptura con la Gran Bretaña, ya en 1776 España le había planteado a Francia la conveniencia de que ambas naciones fortalecieran sus efectivos militares y navales y dejasen integrada una escuadra combinada franco-española de doce buques de línea.

Trabajaban febrilmente en los astilleros de Bilbao, Cádiz, Sevilla y Barcelona para la construcción de buques de guerra; pero eso mismo se hacía por entonces en el Arsenal de La Habana, el mayor que había a la sazón en ambas Américas. Se llenaban los polvorines de La Habana, Veracruz, Cartagena, Santo Domingo y San Juan de Puerto Rico con la pólvora de las grandes fábricas de México y de otras, más pequeñas, en Cuba, mientras que España llevaba al máximo su producción de materiales de guerra, que se depositaban en los principales puertos. Las fábricas de hilados y tejidos de Castilla, Cataluña y Valencia trabajaban a toda capacidad para la confección de uniformes, mantas y tiendas de campaña. Pocas veces España se había preparado tan metódicamente para una guerra como lo hizo entonces: era como si hubiese aprendido la lección de la derrota sufrida pocos años antes en la costosa lucha contra la Gran Bretaña.

El centro estratégico y logístico del esfuerzo naval y militar de España en esta parte del mundo seguía siéndolo Cuba por su posición, sus bahías, su población, su arsenal, su agricultura, sus maderas de construcción y sus minerales; pero también porque varios siglos de actividades corsarias y piráticas, así como de contrabando, hacían que tuviera una buena reserva de marinos experimentados y fogueados. Situada la isla cerca de las Trece Colonias, las Floridas, las Bahamas y Jamaica, también estaba próxima a México, la América Central, Haití, Santo Domingo y Puerto Rico. A poco más de un día de navegación se encontraba Nueva Orleans.

No hubo mucho interés en aumentar las fortificaciones de Santiago de Cuba, a pesar de que era la plaza que más cercana tenía una fuerte base británica, la de Jamaica; pero sí hubo intensos preparativos de guerra en La Habana y en Matanzas. Esta última ciudad era antigua; pero su auge databa de la Guerra del Pacto de Familia (1762-1763), cuando La Habana estuvo en poder de los británicos y la administración colonial española para el resto de la isla se refugió en Matanzas. Además, cuando España le canjeó a la Gran Bretaña la restitución de La Habana por la entrega de las Floridas, muchas familias floridanas que habían preferido emigrar antes que vivir bajo la dominación británica, se habían establecido en Matanzas y sus alrededores. Esos emigrados odiaban profundamente a los ingleses y les hacían responsables de sus desdichas. Por eso mismo eran entusiastas partidarios de la Revolución Norteamericana y se mostraban dispuestos a ayudarla, como para desquitarse por la pérdida de sus hogares en las Floridas. La Bahía de Matanzas, aunque no tan abrigada como la de La Habana, era más amplia y estaba protegida por castillos y reductos.

En México, en Santo Domingo y en Puerto Rico se reparaban y artillaban las fortalezas y se reclutaban, adiestraban y armaban las milicias, de blancos y de color. Todo buque llegado de España traía reales órdenes e instrucciones en cuanto a la inminencia de la guerra y los preparativos que había que hacer; pero el gobierno de Madrid también cuidaba de enviar todo el material de guerra que tenía disponible después de lo que se consideraba necesario para lograr la recuperación de Gibraltar y de Menorca y para tener a raya a los portugueses, peligrosos aliados de los británicos.

Además, en todo esto había el punto fundamental de que los colonos españoles, muy especialmente los cubanos, estaban muy bien dispuestos hacia los rebeldes. No sólo se trataba de vecinos cercanos con los cuales habían guerreado y contrabandeado a lo largo de muchos años, sino que en Cuba había habido colonias de norteamericanos prisioneros, en espera de ser rescatados, y en Georgia, las Carolinas, Virginia y Maryland también las había habido de cubanos prisioneros. Cuando al cabo de laboriosos trámites esos prisioneros habían podido regresar a sus hogares, dejaban tras sí amistades e informaciones acerca de sus tierras de origen, que hacían brecha en el exclusivismo colonial de la época. Hay relatos documentados acerca de muchos casos de norteamericanos y cubanos que habían vivido años en el uno o en el otro país.

Esa situación cambió durante el tiempo en que la Gran Bretaña mantuvo su dominación sobre La Habana y sus alrededores (1762-1763). Por primera vez había habido libres relaciones comerciales y personales de todo orden entre La Habana, de una parte, y Charleston, Savannah, Baltimore, Filadelfia, Nueva York y Boston, de la otra. Hay más información acerca de los centenares de buques mercantes con bandera británica, pero en su inmensa mayoría con tripulaciones norteamericanas, que traficaron con La

44

Habana durante ese período; pero el cuadro hay que completarlo con las numerosas embarcaciones de marinos cubanos y españoles quienes se aprovecharon de aquel breve período de libertad de comercio para llevar sus buques a los puertos norteamericanos y traficar con ellos.

La restauración española, en 1763, puso fin a estos contactos directos; pero todavía quedaron residiendo en La Habana gentes de habla inglesa, irlandeses y norteamericanos, como se echa de ver con los apellidos de Coppinger, O'Farrell, O'Reilly, Creagh y otros, bien conocidos en Cuba por entonces. Como ya hemos señalado, el más importante de todos estos norteamericanos e irlandeses fue aquel Oliver Pollock, de Filadelfia, llamado a desempeñar un papel importante en la Revolución Norteamericana años después. Pollock se las había arreglado para seguir con su casa de comercio en La Habana por algún tiempo, hasta que el capitán general Bucarely decidió cumplir las disposiciones vigentes contra los extranjeros residentes en Cuba y en 1766 de un plumazo ordenó la salida de once buques mercantes norteamericanos que estaban fondeados en el puerto de La Habana, pero no sin poner a bordo de ellos a todos los norteamericanos e ingleses que por una u otra causa no se habían ido con la terminación de la dominación británica en La Habana.[36] Si bien es cierto que Pollock se contaba entre ellos, también lo es que la influencia de su amigo, el general hispano-irlandés Alejandro de O'Reilly, logró que se le permitiera establecerse en Nueva Orleans, desde donde seguía traficando con La Habana por medio de sus socios.

De todos modos, imposible iba a serle a España el impedir en el futuro las relaciones entre Cuba y las Trece Colonias, mucho más porque a través de la Península de la Florida que geográficamente avanzaba hacia Cuba y que se había convertido en posesión británica, seguía el intercambio de personas, productos y noticias.

Los sucesos de Lexington, Concord, Boston, Mecklemburg County y Filadelfia no tardaron en ser conocidos de las autoridades españolas en Cuba y en Luisiana, así como de los habitantes también. Los casos de buques corsarios norteamericanos que entraban en puertos cubanos de arribada forzosa se hicieron frecuentes y daban oportunidad para que se conociesen más los colonos de ambos lados del estrecho de la Florida, mucho más cuando la repentina tolerancia de España en cuanto a los buques de las Trece Colonias se conoció y se aprovechó. De todos modos los crecientes contactos quedaron casi por completo limitados a La

36. Portell-Vilá, *Historia...*, ya citada, vol. I, pág. 62.

Habana y Matanzas, por razones geográficas, con alguno que otro caso en Santiago de Cuba.

Cada buque norteamericano que entraba en puertos cubanos era fuente de noticias y de negocios. Los vecinos se disputaban al atender a los forasteros. Con frecuencia los buques tenían que ser reparados, abastecidos y artillados, por lo que la estancia se prolongaba y daba ocasión para crear amistades. La causa de la Revolución Norteamericana, repetimos, se había hecho popular en Cuba.

Y cuando comenzaron a llegar las expediciones procedentes de España, que traían más buques de guerra y más transportes para las operaciones militares que se preparaban, la situación resultante también influyó sobre los recién llegados. Las autoridades se hacían de la vista gorda en cuanto al intercambio mercantil con las Trece Colonias.

Había, pues, en las Antillas Españolas y en la Luisiana una disposición muy favorable a los norteamericanos y que tenía en cuenta que se habían convertido en los enemigos de los británicos, de los enemigos tradicionales. No hay que olvidar que la nota española al gabinete de Londres, en abril de 1779, poco antes de la ruptura, ya protestaba de que la Marina de Guerra de la Gran Bretaña, en sólo tres años y exclusivamente en los mares del Nuevo Mundo, había apresado cuatro buques españoles, tiroteado otros nueve, llevando a cabo registros en tres más y cometido diversas violencias sobre otros trece. [37]

El mismo nombramiento del mariscal Diego José Navarro, hombre de gran experiencia militar, como Capitán General de Cuba, en substitución del Marqués de La Torre, ya era una indicación del curso de los acontecimientos que se esperaban: la ruptura de hostilidades estaba a la vista con la orden de poner a salvo los caudales de las Indias, los envíos regulares de metales preciosos procedentes de Perú, Colombia, Panamá y México, para que no cayesen en manos de los ingleses.

La guarnición fija de La Habana tenía como base los seis regimientos de tropas veteranas con nombres que recordaban los tiempos de Carlos V y de Felipe II: «Lisboa», «Irlanda», «Lombardía», «Sevilla», «Córdoba» y «Navarra». Estos guarnecían las fortalezas y eran el modelo en la preparación de los regimientos, de «blancos» y de «pardos y morenos libres», todos ellos gentes aguerridas y bien equipadas. En 1777 comenzaron a llegar los refuerzos, en un principio disfrazados como «reemplazos» cuando,

37. Morales-Padrón, *ob. cit.*, pág. 32.

en realidad, no se hacían licenciamientos. Las armerías y los polvorines estaban repletos y en el Arsenal y los talleres del Apostadero de Marina se trabajaba intensamente.

Los agentes británicos del «Navío de Permisión» y del «Asiento de la Trata de Esclavos», residentes en La Habana y en Santiago de Cuba, por supuesto que se dieron cuenta del significado de toda aquella inusitada actividad en cuestiones militares, y de las franquicias que se concedían a los buques de las Trece Colonias. Aun sin los informes que el espía Arthur Bancroft, secretario de Benjamín Franklin, enviaba al gobierno de Londres, ya los británicos sabían que España se preparaba para declararles la guerra y para apoyar a los norteamericanos.

La Capitanía General de Cuba concedió patentes de corso para la fragata «Jesús, María y José», y las goletas «Divina Pastora», «Rosario», «Virgen del Carmen», «San Miguel» e «Indiana», que comenzaron a recorrer los mares cercanos. Con diversos pretextos estos corsarios detenían y capturaban a los buques británicos en el Golfo de México, las aguas de las Islas Bahamas y el Mar Caribe, y los llevaban La Habana o a Matanzas. [38] Se planteaban entonces las reclamaciones del caso; pero mientras se tramitaban esas reclamaciones los barcos capturados quedaban anclados o amarrados en los puertos y sus tripulantes se relacionaban con los españoles y los cubanos; pero sin contacto con su propio país.

Francia precedió a España en cuanto a la declaración de guerra contra la Gran Bretaña; pero ésta estaba bien al corriente de lo que se hacía en España y sus dominios en cuanto a preparativos para la lucha.

Pocas veces había tenido España una escuadra tan poderosa, desde los tiempos de Felipe II, como la que hacia 1777 comenzó a reunirse en Bilbao, La Coruña y El Ferrol para luego hacerse a la vela para Brest y otros puertos franceses en los que se concentraban los navíos de d'Estaing y de DeGrasse.

No era fácil la tarea que le había correspondido a Bernardo de Gálvez, gobernador de la Luisiana, para completar los preparativos de guerra. Dependía muy mucho para ellos de lo que pudiera recibir de Cuba y de México; pero también tenía el poderoso respaldo de su tío, don Josef de Gálvez, en Madrid. La dominación española sobre la Luisiana tenía unos pocos años de duración y había habido brotes de oposición por parte de los colonos franceses, reprimidos que fueron duramente por el Conde de O'Reilly, otro de los influyentes protectores de Bernardo de

38. Pezuela, *Historia...*, ya citada, vol. III, pág. 145.

Gálvez. Las cosas habían cambiado bastante cuando Gálvez asumió el mando en Nueva Orleans, y su habilidosa política de acercamiento aseguró la lealtad de los colonos franceses a la dominación española. Casó Gálvez con una joven viuda perteneciente a acaudalada familia hispano-francesa, y su ejemplo fue imitado por otros oficiales de las tropas españolas. La cooperación franco-española a la Guerra de Independencia de los Estados Unidos fue otro factor de acercamiento.

Mucho necesitaban Gálvez y los españoles de la unidad con los antiguos colonos franceses para una efectiva acción conjunta contra los británicos. Eran pocos y débiles los establecimientos coloniales españoles a lo largo del Valle del Mississippi, donde también los británicos tenían sus embarcaderos y sus fuertes. Los guerrilleros norteamericanos, cuyo jefe principal era el famoso George Rogers Clark, habían abierto brecha entre los británicos para llegar al Ohío y al Mississippi y de hecho resultaban valiosos aliados de los españoles de Luisiana.

Gálvez comenzó por ayudar cautelosamente a los guerrilleros norteamericanos con materiales de guerra enviados con el mayor secreto desde Nueva Orleans, como ya hemos señalado anteriormente; pero las excitaciones del Congreso Continental, del gobierno estatal de Virginia y del general Charles Lee, aspiraban a más y señalaban concretamente que había que expulsar a los británicos del Valle del Mississippi, del Golfo de México y de la Península de la Florida. El espionaje británico estaba al tanto de todo esto y había constantes protestas y denuncias de parte del gobernador británico de Mobila y Panzacola por la ayuda que se les daba a los norteamericanos, mientras que Gálvez contemporizaba lo mejor que podía.

Esto no obstante Caughey ha podido decir con justicia que

...a la ayuda de Nueva Orleans es principalmente atribuible el establecimiento del control norteamericano al oeste de las montañas Alleghanys... [39] (Traducción del Autor).

Y Pollock llegó a proponer que se hiciera un retrato de Gálvez para el Congreso Continental, de Filadelfia,

...a fin de perpetuar la memoria de usted en los Estados Unidos de América como distinguido en su notable nación por soldado y por caballero junto a aquéllos que han prestado excep-

39. Caughey, *ob. cit.*, pág. 101.

cional servicio en la lucha gloriosa de la libertad... [40] (Traducción del Autor).

Sería interesante el comprobar si esa proposición de Oliver Pollock fue cumplimentada por el Congreso Continental; pero es muy de dudar que en Filadelfia se le diese tan concreto reconocimiento a la importante ayuda de España y de sus colonias para la independencia de los Estados Unidos, que es cosa que la inmensa mayoría de los historiadores norteamericanos la pasan por alto o le discuten su importancia.

Toda la actividad agresiva que en 1777 llevó a cabo el autonombrado «capitán» James Willing, a bordo de la goleta «Rattletrap», bajo la bandera de los Estados Unidos, contra las haciendas, los embarcaderos, la navegación y el comercio de los británicos en el Valle del Mississippi, fueron posibles por el respaldo y la colaboración que tuvo de parte de los españoles en St. Louis, en Manchac y en Nueva Orleans. En esta última ciudad se aprovisionaban Willing y sus compañeros y allí vendían las pieles, el ganado, los esclavos y los buques que les quitaban a los británicos.

Ya en febrero de 1779 Willing y sus hombres, con varios buques con el botín reunido en sus depredaciones, llegaron a Nueva Orleans y fueron recibidos allí con grandes consideraciones a pesar de las protestas británicas, mientras que Gálvez hacía declaraciones en las que reiteraba su neutralidad. Parte de las presas hechas por Willing fueron devueltas a los británicos por orden de Gálvez; pero así y todo hubo quienes llegaron a calcular el valor del botín acumulado por Willing, inclusive cien esclavos, en un millón y medio de pesos, cifra sin duda exagerada.

La fragata británica «Sylph», capitán John Fergusson, llegó a Nueva Orleans en marzo de 1778 para robustecer las reclamaciones contra Willing, y por entonces Gálvez no tenía fuerzas militares y navales para rechazar un ataque de los ingleses, aunque hacía esfuerzos desesperados para reunir armas y pertrechos en cantidades suficientes. A pesar de su comprometida situación Gálvez no aceptó las protestas británicas y siguió dando la protección de la bandera de España a los guerrilleros norteamericanos del Oeste.

En abril ya Gálvez había construido un reducto adicional, artillado con ocho cañones, para la defensa del puerto de Nueva Orleans, y hasta tenía el apoyo de la fragata «Rebeca» para hacer

40. *Ibídem.*

49

frente a un ataque imprevisto. A mediados de 1778 la guarnición de Nueva Orleans fue reforzada por 12 oficiales y 212 soldados, llegados de La Habana en tres buques de guerra españoles que fondearon en lugares estratégicos. Entre esos combatientes había reclutas cubanos, quienes se radicaron en Nueva Orleans.

Tres cañoneros entraron en servicio a mediados de 1778, artillados con piezas de veinticuatro libras y construidos de modo que pudieran navegar por las pasas de poco calado en el delta del Mississippi. Gálvez seguía aumentando sus fuerzas para la guerra inminente con los británicos y no estaba dispuesto a que la ofensiva contra Mobila y Panzacola dependiese de los norteamericanos.

Aparte de 302 milicianos reclutados localmente, Gálvez tenía 437 soldados veteranos en junio de 1778 y había podido enviar 25 de ellos, bien armados, para que cruzaran las planicies de Texas y llegasen a México, donde se hicieron cargo de escoltar hasta Nueva Orleans a 106 soldados enviados por el Virrey de México, quienes conjuntamente con 153 soldados regulares procedentes de Islas Canarias, aumentaron las fuerzas militares de Gálvez hasta cerca de mil hombres, inclusive un grupo de artilleros veteranos.

Las fuerzas militares así reunidas no sólo recibían adiestramiento continuo, sino que también estaban sujetas a lo que hoy llamaríamos adoctrinamiento para que estuviesen dispuestas a expulsar a los británicos de la Florida Occidental y del Valle del Mississippi, con lo que ayudarían a los norteamericanos en su guerra de independencia y facilitarían el desquite de España a expensas de la Gran Bretaña. A los milicianos españoles, franceses y norteamericanos aquello les parecía una cruzada. Al comenzar el año de 1779 Gálvez ya tenía diecisiete compañías de milicianos con un total de 1.478 hombres.

Rápidamente, tal y como Gálvez hacía sus preparativos, los británicos no perdían un momento para aumentar sus guarniciones y reforzar sus fortificaciones. Unos dos mil hombres de tropas veteranas llegaron a fines de 1778 a Mobila, Panzacola y Manchac; pero eran otros tantos combatientes que el general Cornwallis no tendría a su disposición en Yorktown, en la batalla decisiva, pocos años después, cuando fue derrotado por las fuerzas combinadas de Washington, Rochambeau y DeGrasse. También así España y sus colonias de América estaban ayudando a la Revolución Norteamericana, al debilitar a los británicos en las Trece Colonias.

Por una parte Gálvez les facilitaba a los británicos ciento cincuenta barriles de harina de trigo que necisitaban para la alimentación de los vecinos en sus colonias, y les permitía que comprasen cien cabezas de ganado en Opeloosas; pero también se las arreglaba para enviar a Panzacola, en misión especial de espionaje disimulado, al capitán Jacinto Panis, ayudante mayor de la plaza de Nueva Orleans, con el ostensible propósito de obtener garantías de los británicos en cuanto a la neutralidad de los dominios españoles; pero en realidad para que reuniese todos los datos posibles acerca de las defensas de Panzacola, Mobila y las otras bases británicas de la región. Así se echa de ver por el contenido de una carta del gobernador de Nueva Orleans al ministro de Indias, Josef de Gálvez, que cita Caughey y en la cual Bernardo de Gálvez le decía a su tío:

> ...Los repetidos insultos cometidos en el río Mississippi por los ingleses... me han obligado a enviar al capitán Jacinto Panis a Panzacola para protestar de estas cosas... Esta expedición no sólo tenía el motivo de las peticiones mencionadas, sino también la de descubrir si es cierto que un refuerzo de tropas y dos fragatas han llegado a esa ciudad (como se me ha informado), y sus intenciones, su actual fuerza, y las noticias... relativas a la guerra... [41] (Traducción del Autor).

Efectivamente, el capitán Panis, portador de un regalo de vinos españoles y de azúcar para el gobernador británico de la Florida Occidental, regresó a Nueva Orleans con todos los informes posibles acerca de las defensas de Mobila y de Penzacola, así como de las guarniciones británicas en el Mississippi. Su memorial a Bernardo de Gálvez, en julio de 1778, ya le decía que en el mes de marzo había visitado a Mobila y que sus defensas, las cuales describía en detalle, estaban en muy mal estado; pero que en Panzacola trabajaban activamente para construir trincheras y parapetos y para emplazar más cañones y morteros, además de fortificar los caminos y de instalar otra batería sobre la playa. Al pie de las fortificaciones se excavaban de trecho en trecho trampas con palos terminados en punta y destinados a las fuerzas enemigas de desembarco.

Sobre la base de los datos recogidos el capitán Panis entregó al gobernador Gálvez, con fecha 16 de agosto de 1779, casi en vísperas del inicio de las hostilidades, el plan para la ofensiva contra todas las posiciones británicas de la región. El plan requería dos buques de línea, seis fragatas, una bombarda y varios buques menores artillados, además de cuatro mil hombres de

41. *Ibíd.*, págs. 140-141.

desembarco, todo lo cual se traería de La Habana y se uniría a otros mil hombres aportados por Nueva Orleans.

No eran los británicos unas pobres víctimas propiciatorias que serían atacados de imprevisto y a traición por los españoles y sus colonos. Al mismo tiempo y de conformidad con órdenes dictadas por el alto mando en Londres, una expedición británica de 1.500 hombres se preparaba en Canadá para descender por el Mississippi y reforzarse a lo largo del curso del río con reclutas de los establecimientos británicos para luego, conjuntamente con las fuerzas aportadas por Mobila y Panzacola caer sobre Nueva Orleans y expulsar por completo a los españoles de toda la América del Norte. Como dice Coughey en su tantas veces citada biografía de Gálvez, uno de los jefes británicos en Canadá comentaba que:

...Gracias a Dios que todos nos mantenemos firmes y disfrutando con la oportunidad de asestarles un golpe a los «dons» de Nueva Orleans. (Traducción del Autor.)

Si ese plan se hubiese llevado a cabo con buen éxito no sólo los «dons», o sea, los españoles, habrían quedado relegados a México y a Cuba, sino que los británicos habrían caído con fuerzas acumuladas sobre los ejércitos de Washington hasta aplastarlos por completo. Por eso puede decirse con plena razón que la lucha entre España y la Gran Bretaña por el dominio del Valle del Mississippi y de la Florida Occidental era parte esencial de la Guerra de Independencia de los Estados Unidos. Si los británicos hubiesen triunfado contra Nueva Orleans, también habrían contado con fuerzas incontrastables para vencer en Yorktown.

Esta era una realidad amenazadora para Washington, para Patrick Henry, para Charles Lee, para la House of Burgesses, de Virginia, y para el Congreso Continental, de Filadelfia.

El 13 de julio de 1779 Gálvez convocó en Nueva Orleans una «Junta de Guerra» para discutir la crítica situación de la Luisiana. Con el mapa de la parte meridional del Valle de Mississippi ante los reunidos, Gálvez hizo la relación de las fuerzas con que contaban los británicos y también describió las que había para la defensa de Nueva Orleans. La exposición fue de tipo pesimista y todos los funcionarios civiles y militares consultados, con una sola excepción, opinaron que no había buenas posibilidades de triunfar y hasta hubo un capitán, Manuel de Nava, quien aconsejó la rendición en las mejores condiciones posibles, en el caso de que los británicos atacasen. Solamente el teniente coronel Esteban Miró propuso la construcción de reductos sobre el río, más abajo de Manchac, con el propósito de cortarles el paso a los británicos y para proteger a Nueva Orleans, donde en esos momentos las tropas veteranas no llegaban a un millar de hombres. Otro de los acuerdos de la «Junta de Guerra» fue el de pedir con toda urgencia la ayuda de La Habana y un veloz barco de guerra llevó ese mensaje al Capitán General de Cuba, que lo era el mariscal Diego José Navarro, quien ya por su cuenta estaba en relaciones con el general Washington y con el Congreso Continental por medio de Juan de Miralles.

Indudablemente que Bernardo de Gálvez tenía muchas de las cualidades de los grandes capitanes españoles de otros tiempos en cuanto a audacia y visión militar. Mientras sus subordinados se limitaban a propiciar la defensa de Nueva Orleans si se rompían las hostilidades, Gálvez pensaba que la mejor defensa consistía en el ataque y que con los informes que le había traído el capitán Jacinto Panis, lo que le correspondía era anticiparse a atacar para apoderarse de Manchac, Mobila y Panzacola al derrotar a los británicos y a sus aliados, los indios de la Confederación de los Creeks.

A eso se aplicó Bernardo de Gálvez con diligencia y con resolución en los meses anteriores a la declaración de guerra, pero cuando ya había recibido noticias reservadas acerca de la inminencia de la ruptura.

g) La declaración de guerra de España

Las obras de consulta de los historiadores españoles Manuel Conrotte, Jerónimo Becker y Manuel Serrano Sanz, ya contenían información documentada sobre el tema de España y la Guerra de Independencia de los Estados Unidos, publicada mucho antes de que los historiadores cubanos y norteamericanos comenzaran a ocuparse de ese tema, quizás si con la publicación de mi estudio inicial sobre Cuba y la Guerra de Independencia de los Estados Unidos, impreso en 1934 por la Universidad de La Habana. Después el Prof. Samuel Flagg Bemis dio a la estampa sus varios trabajos sobre la materia, cada vez más completos, mientras que el Prof. John Caughey especializaba brillantemente en el aspecto referente a la Luisiana y la Florida Occidental en relación con la Revolución Norteamericana. Es muy de lamentar que los otros historiadores norteamericanos no han seguido los pasos de Bemis y de Caughey en este amplio campo de la historiografía norteamericana, como si lo considerasen sin importancia.

No hay más que fijar la atención en los frenéticos esfuerzos de Benjamín Franklin, Arthur Lee, John Jay, John Adams y otros diplomáticos norteamericanos, para lograr la declaración de guerra de España contra los británicos, y así se comprende la importancia que la naciente república le atribuía a la posible alianza con España, una vez obtenida la de Francia. Como ya hemos expuesto en el curso de esta obra, España tenía poderosos motivos para apoyar a los norteamericanos contra la Gran Bretaña y así lo hizo con una ayuda oportuna y efectiva; pero en cuanto a la alianza y las concesiones a las Trece Colonias para que a plenitud se relacionasen con las de España, el interés colonial español oponía obstáculos casi insuperables.

Los diplomáticos norteamericanos se desesperaban en Madrid y en París con los pobres resultados de sus gestiones relativas al reconocimiento de la soberanía y la independencia de los Estados Unidos; pero a tono con el viejo adagio español sobre que «las cosas del Palacio así van de despacio», la cancillería de Madrid se movía lentamente..., pero se movía. Con siglos de experiencia en las cuestiones de la guerra y de la paz, España se aprovechaba de la paz para así prepararse para la guerra.

A fines de 1778 se habían completado las precauciones para poner a salvo los caudales de las Indias y para poner en condiciones de defensa las costas de España y las fronteras con Portugal, país éste dominado por la Gran Bretaña, así como las colonias en torno al Caribe y el Golfo de México. Hasta había suficientes recursos acumulados para tomar la ofensiva y se podía contar con el más resuelto apoyo de parte de las colonias.

La diplomacia británica en Madrid, bien enterada del curso de los acontecimientos y de la comprometida situación que la Gran Bretaña tendría si España entraba en la guerra, estaba en plena gestión a estilo de «la pérfila Albión» y no tuvo reparos en tratar de seducir a los españoles con falsas promesas de restituirles la isla de Menorca y el Peñón de Gibraltar, ocupados por los ingleses desde principios del siglo XVIII.

El ajedrez diplomático se jugaba en Madrid, Londres y París; pero el 12 de abril de 1779 España firmó con Francia la Convención de Aranjuez, que ya era un tratado de alianza para la guerra. Como que Francia ya estaba en plena contienda con la Gran Bretaña, la Convención de Aranjuez colocaba a España en situación de preguerra, aunque sin incorporarse al convenio existente entre los Estados Unidos y Francia porque los españoles, hay que repetirlo, rehusaban comprometerse a ser aliados de los norteamericanos en su empeño de conservar el exclusivismo colonial en sus posesiones del Nuevo Mundo.

Morales-Padrón nos describe las vacilaciones de la Corte de Madrid en cuanto a dar el último paso para la ruptura de las hostilidades. Según él, Carlos III formuló treinta y seis conclusiones relativas a diez y seis posibilidades que podían surgir para la solución de la Revolución Norteamericana y el restablecimiento de la paz. Y añade Morales-Padrón, [42] que el monarca español designó a ese documento como «El Catecismo» y que lo estudiaba con ahínco, temeroso de que en un momento dado pudiera producirse un acuerdo entre la Gran Bretaña y las Trece Colonias y que se hiciese necesario combatir contra los británicos y los norteamericanos unidos, como cuando la Guerra del Pacto de Familia. Esa posibilidad no era tan disparatada como alguien pudiera creerla en nuestros días, ya que tanto en la Gran Bretaña como en las Trece Colonias había influyentes partidarios del acuerdo anglo-norteamericano. Los «tories» o «loyalists» norteamericanos que prefirieron emigrar antes que vivir bajo el régimen republicano fueron muchos millares de familias.

Ni siquiera se podía tener mucha confianza en que los franceses y los norteamericanos cumpliesen sus compromisos entre sí y a su debido tiempo no los cumplieron y España fue echada a un lado. Había una estipulación de la Convención de Aranjuez de acuerdo con la cual Francia y España no harían la paz con la Gran Bretaña hasta que este última les hubiese devuelto Gibraltar a los españoles, y como que las Trece Colonias a su vez se habían comprometido a no firmar la paz separadamente y sin contar con Francia, los Estados Unidos hasta cierto punto quedaban obligados a esperar por la devolución de Gibraltar para el acuerdo definitivo con la Gran Bretaña. Pero el acuerdo final, sin embargo, prescindió de todo eso y estuvo caracterizado por una mala fe general, ya que todavía en 1976, al conmemorarse el bicentenario de la independencia de los Estados Unidos, España sigue esperando por la devolución de Gibraltar, y los Estados Unidos y Francia se las arreglaron con la Gran Bretaña cuando cada uno de esos dos países temió que el otro firmase la paz unilateralmente y ambos prescindieron de cumplir las promesas hechas a España. Esta, a su vez, al entrar en la guerra lo hizo con ciertas reservaciones, ya que no reconoció la beligerancia de los Estados Unidos a pesar de las insistentes gestiones de John Jay y de sus predecesores como representantes norteamericanos en Madrid, y no

42. *Morales-Padrón*, ob. cit., pág. 31.

aceptó el planteamiento de los Estados Unidos para que el Mississippi fuese el límite occidental de sus territorios, pero con la libre navegación comercial por ese río hasta su desembocadura.

La tercera de las conclusiones en el llamado «Catecismo» de Carlos III estipulaba que

...era axioma que ambas Cortes (Madrid y París) impidan por cuantos medios sean dables, que las colonias americanas vuelvan a entrar directa o indirectamente bajo el yugo de su metrópoli... [43]

Otra de las conclusiones recomendaba que a través de los delegados, Benjamín Franklin y Silas Deane, «...y aun por medio de emisarios secretos... cerca de los diputados principales del Congreso (Continental)...», se persuadiese a las Trece Colonias para que no aceptasen arreglos con la Gran Bretaña que no fuesen garantizados por Francia y España, las cuales darían seguridades de que no se garantizaría sino lo que fuese libre y útil para las Trece Colonias. El planteamiento que se hacía en el «Catecismo» era el de hacerles ver a los norteamericanos que las únicas potencias europeas que realmente podían ayudarles eran España y Francia, que estaban haciéndolo y seguirían haciéndolo así.

Lo relativo a la ayuda estaba de acuerdo con la verdad de los hechos porque aparte de los auxilios dados desde Cuba y desde Luisiana, había lo que España facilitaba directamente, a través de Diego Gardoqui y Cía. En abril de 1778 hubo una entrega de cincuenta mil pesos y al mes siguiente otra por la misma cantidad. Un crédito por cincuenta mil pesos también se abrió en Holanda en favor de la Revolución Norteamericana. Franklin hacía patente al Conde de Aranda su gratitud porque habían llegado a Boston doce mil fusiles de la ayuda española y agregaba que los Estados Unidos querían merecer «l'amitié et l'interêt de la France et de l'Espagne».

En un momento crítico, como paso previo para la ruptura, España llegó a ofrecerles a los británicos su mediación para encontrar una solución al conflicto, lo que de haber tenido buen éxito habría restablecido la paz entre Francia y la Gran Bretaña y entre esta última y las Trece Colonias. [44] No parece que el gobierno de Madrid tuviese grandes esperanzas de que su mediación fuese aceptada; pero aparte de ganar tiempo mientras las escuadras

43. *Ibídem*, pág. 30.
44. Portell-Vilá, *Historia...*, vol. I, págs. 72-73.

preparadas en Cádiz y en El Ferrol cruzaban el Atlántico, rumbo a La Habana, mandadas por el almirante Miguel Gastón, España creía que así justificaba la declaración de guerra. En abril de 1779 el embajador español en Londres dio cumplimiento a una instrucción recibida de su gobierno y que equivalía a un ultimátum.

La Gran Bretaña se negó a los requerimientos de España para el cese de las hostilidades con Francia y con las Trece Colonias, la reunión de plenipotenciarios de los contendientes, la consideración de las colonias sublevadas como una nación independiente y la garantía de los límites alcanzados por los realistas y los rebeldes.

El gobierno de Madrid se consideró herido por la negativa británica, aunque ya hacía tres años que cooperaba con los norteamericanos y con los franceses en la lucha que se libraba en la América del Norte. Una Real Cédula de 22 de junio de 1779 le anunció al pueblo español la ruptura de las hostilidades con la Gran Bretaña cuando el Marqués de Almodóvar, el embajador de Carlos III en Londres, ya se había retirado. En La Habana, en Ciudad de México, en Santo Domingo, en San Juan de Puerto Rico y en Nueva Orleans, también tenían noticias de la declaración de guerra y se habían preparado para la lucha.

El Capitán General de Cuba había dado el «alerta de guerra» desde el 2 de marzo de 1779, según Pezuela, quien también nos dice que el bando de guerra se publicó el 22 de julio de ese año. [45]

h) Miralles y su misión en las Trece Colonias

Juan de Miralles y su secretario fueron muy bien recibidos por los norteamericanos rebeldes de Charleston, S. C., entre los cuales hacía tiempo que tenían conocidos y relaciones de negocios, muy especialmente entre las familias de los hugonotes franceses quienes se habían establecido en la Carolina del Sur después de las persecuciones de los protestantes en Francia, a raíz de la revocación del Edicto de Nantes, ordenada por Luis XIV, quien declaró nulas las libertades y garantías de carácter religioso que Enrique IV, de Borbón, les había reconocido a los hugonotes en 1598. El más prominente de entre esos hugonotes en Carolina del Sur era el comerciante, financiero, terrateniente y político Henri Laurens. Unidos en matrimonio con las familias de origen británico, los descendientes de los hugonotes constituían el grupo diri-

---

45. Pezuela, *Historia...*, vol. III, pág. 144.

gente de la colonia en los tiempos del gobernador Edward Rutledge, cuando Miralles desembarcó en Charleston, S. C.

Todos estos personajes se disputaron el atender a Miralles durante su estancia en la capital carolina. Discutieron con él las cuestiones políticas del momento, como la ayuda que se esperaba de España, la acción conjunta que se esperaba contra los británicos de las Floridas y el libre comercio con Cuba, aparte de la campaña contra los indios hostiles.

Celebraron en Charleston a la sazón la victoria norteamericana de Saratoga y el tratado por el cual Francia reconocía la independencia de los Estados Unidos y se convertía en su aliada para la guerra conjunta contra la Gran Bretaña. Esto era lo que el Congreso Continental también quería de los españoles y Miralles era el enviado del Rey Carlos III y del Capitan General de Cuba, por lo que en el banquete oficial con que se celebraron esos acontecimientos, el habanero Miralles ocupó el lugar de honor junto al cónsul francés y fue objeto de un entusiasta brindis.

La llegada de Miralles fue comunicada, quizás si con las exageraciones del entusiasmo de los colonos sublevados, a la Carolina del Norte, a Virginia y al Congreso Continental, de Filadelfia. En todas partes la noticia fue recibida como la prueba concluyente de que también España entraba la guerra, aunque eso se demoraría más de un año aún. En realidad Miralles pasaba por encima de las conveniencias y las reglas diplomáticas en sus contactos con los norteamericanos, ya que en seguida dio oídos a los planes para atacar a los británicos en las Floridas y se mostró muy entusiasmado con las perspectivas de la Revolución Norteamericana.

A poco de su llegada a Charleston, S. C., ya Miralles envió su primera comunicación a don Josef de Gálvez, el ministro de las Indias, y en ella le encarecía la necesidad de que se le proveyese de un nombramiento regio, aparte de la comisión que ya tenía del Capitán General de Cuba. Esto ya era asunto resuelto favorablemente por el gobierno de Madrid y así se había hecho constar en la Real Cédula de enero 21, 1778, la cual tardaría varios meses en llegar a manos de Miralles, debido a las dificultades de las comunicaciones de la época.

Permaneció Miralles varios meses en Charleston, en parte por el desarrollo de sus planes para establecer comunicaciones regulares e intercambio comercial con la La Habana; pero también para lograr los contactos necesarios con los diplomáticos franceses acreditados ante el Congreso Continental y con los dirigentes norteamericanos, inclusive el general Washington, quien por entonces vivía los tiempos calamitosos de Valley Forge, mientras que los británicos se habían apoderado, aunque por breve tiempo, de Filadelfia.

Los primeros despachos enviados por Miralles, en febrero y marzo de 1778, fueron llevados por el marino George Abbot Hall, de Charleston, S. C., a bordo de una goleta cargada con mercancías que serían vendidas en La Habana para costear los gastos del viaje. Al regreso Hall traería no sólo correspondencia, sino productos cubanos, también, por lo cual se puede decir que Miralles y él fueron los fundadores de esa fase del comercio regular entre Cuba y los Estados Unidos. Por entonces Miralles compró en Charleston su propia goleta, a la que dio el nombre de «San Andrés», y la puso al mando del marino habanero Andrés Pueyo, conocedor de la ruta Charleston-La Habana y quien se encontraba en el puerto carolino. La «San Andrés» se hizo a la vela para La Habana a fines de marzo de 1778, con un cargamento de arroz.

Eran muy favorables a las Trece Colonias aquellos primeros despachos de Miralles, a partir de febrero de 1778, ya que llegaban a vaticinar que Canadá se separaría de la Gran Bretaña para incorporarse a los Estados Unidos. Pero su tema favorito era el de que España entrase en la guerra y cooperase con los norteamericanos para apoderarse de las Floridas y Jamaica.

Una carta de Miralles al mariscal Navarro, fechada en mayo 16 de 1778, le pedía que les escribiese «...por las embarcaciones corsarias y mercantes americanas que arriben a ese puerto (el de La Habana)», lo que revelaba que los corsarios de las Trece Colonias se aprovechaban de la favorable neutralidad que España había puesto en práctica, [46] y también que había un activo comercio cubano-norteamericano.

Miralles llegó a preparar un plan para atacar a la Florida Oriental y a Panzacola y Mobila, de acuerdo con los norteamericanos, a cuyo efecto fue a La Habana el teniente coronel John B. Hernant, de origen francés, a bordo de la goleta «Eagle», en una infructuosa tentativa que buscaba convencer al Capitán General de Cuba para que emprendiese esa aventura. Patrick Henry, entonces gobernador de Virginia, había tratado de convencer a Bernardo de Gálvez, gobernador de Luisiana, de la conveniencia de atacar a los británicos; pero al tener noticias de la llegada de Miralles a Charleston, se dedicó a gestionar con él la colaboración para el ataque a las Floridas, ya que lo consideró más influyente con el gobierno de Madrid.

46. Portell-Vilá, *Historia...*, vol. I, págs. 80-81.

El gobierno estatal de Carolina del Sur se manejaba con una intolerable independencia en cuanto a sus relaciones con países extranjeros. Por eso fue que, además de enviar al teniente coronel Hernant a La Habana, designó a Spyres Singleton como cónsul de Carolina del Sur en La Habana, lo que no fue aceptado por el Capitán General de Cuba y tampoco por el Congreso Continental.

Carolina del Sur, además, creó su propia marina de guerra con buques corsarios cuya patente era expedida por el gobierno estatal en Charleston. El caso más señalado fue el de aquel turbulento personaje nombrado Alexander Gillon, cuyos barcos cruzaron el Atlántico y trataron de competir con los del famoso John Paul Jones en las operaciones navales norteamericanas en aguas de Europa que a veces utilizaban los puertos españoles del Cantábrico como refugios. Gillon era oriundo de Francia, como otros influyentes vecinos de Carolina del Sur, y entre barcos propios y capturados llegó a completar una flotilla de siete buques. Con ellos se refugió en La Habana, en 1778, perseguido por una poderosa escuadra británica a la cual se le negó la entrada en la capital cubana.

Gillon y sus buques fueron recibidos por las autoridades españolas con la mayor cordialidad y cuando estaban a punto de ser capturados o hundidos. En el Real Arsenal fueron reparados y artillados los buques, entre ellos las fragatas «Carolina» y «Medley», se les equipó con nuevo velamen y se les abasteció con provisiones de boca y guerra. La cuenta de los gastos pasó de los cien mil pesos, que el «almirante» Gillon declaró no poder pagar por carecer de fondos; pero la Tesorería de La Habana se encargó de financiar los costos habidos con la garantía de firmas locales de simpatizadores de la Revolución Norteamericana, como el Contador Mayor de Hacienda, cuñado de Miralles y quien por su cuenta laboraba activamente entre los indios de las Floridas en la preparación del ataque contra los británicos de esa región. La ayuda a la escuadrilla de Gillon nunca fue reembolsada a quienes la pagaron.

El tiempo que Gillon y sus oficiales y marineros pasaron en La Habana dio lugar para que se establecieran amistosas relaciones con españoles y cubanos. Los hogares de estos últimos recibieron a los visitantes en recepciones y otras atenciones sociales, y hubo intercambio de opiniones y noticias que rompieron el aislamiento en que el régimen colonial español mantenía a los cubanos. [47]

47. *Ibídem*, pág. 91.

Cierto que la falta de pago por parte del «almirante» Gillon poco después llevaría a su ruptura con las autoridades españolas de Cuba, cuando la acción conjunta contra los británicos de las Islas Bahamas; pero en la euforia de aquella primera cooperación con Gillon los españoles hasta aceptaron que el marino de la Carolina del Sur vendiese algunas de sus presas mientras estaba en La Habana, en espera de poder hacer una salida cuando la escuadra británica no estuviese esperándolo mar afuera, como por fin pudo hacerlo.

Miralles, ya por entonces en territorio de las Trece Colonias, desempeñó un importante papel en el tratamiento que se le dio a Gillon en La Habana, ya que recomendó que se le diesen facilidades para reparar sus buques al crédito y figuró entre los fiadores.

A poco ya no le bastó a Miralles el poder contar con la comunicación entre Charleston y La Habana, sino que se decidió a establecer la ruta Filadelfia-La Habana, de acuerdo con Robert Morris, el financiero de la Revolución Norteamericana.

Miralles demoró su estancia en Carolina del Sur con la esperanza de que a tiempo le llegarían sus credenciales, ya que Carlos III le había nombrado «comisionado» de España en los Estados Unidos, con fecha 21 de enero de 1778; pero cuando finalmente emprendió viaje a las colonias del norte, a mediados de mayo de ese año, todavía no había recibido su nombramiento, aunque eso no interfirió con sus insistentes gestiones en favor de una acción militar combinada contra los británicos para expulsarlos de las Floridas. Por medio del Sieur de Plombard, cónsul general de Francia en Charleston, S. C., Miralles le notificó al representante diplomático francés en Filadelfia, que emprendía viaje a la capital norteamericana de la época.

El viaje de Miralles hacia Virginia tuvo una escala en Carolina del Norte, donde se entrevistó con el gobernador Abner Nash y hubo más conversaciones en torno al plan para derrotar a los británicos en las Floridas y en el Valle del Mississippi, como sinceramente quería Miralles, a quien no se le puede acusar de duplicidad porque finalmente España desarrollase por su cuenta la ofensiva contra los británicos. En primer lugar, las Trece Colonias carecían de recursos militares y navales para una participación decisiva en esa empresa, y en segundo término, Miralles no estaba enterado de los planes de Bernardo de Gálvez para no esperar más y actuar por su cuenta antes de que se produjese el ataque de los británicos desde Canadá hasta el Golfo de México. El 18 de mayo Miralles le había escrito al mariscal

Diego José Navarro, Capitán General de Cuba, todavía desde Charleston, S. C.; pero luego viajó rápidamente para atravesar Carolina del Norte y penetrar en Virginia. El 28 de mayo ya estaba en Williamsburg, Va., donde fue recibido por el gobernador Patrick Henry y por los miembros de la House of Burgesses, con la solemnidad correspondiente a un diplomático acreditado, aunque no lo era, en realidad. Patrick Henry le entregó entonces a Miralles un plan preparado en Virginia para que, unidos España y los Estados Unidos

> ...con fuerzas enviadas desde La Habana y de Georgia y la Carolina del Sur, se apoderasen los españoles de Mobila, Panzacola y San Agustín de la Florida... [48]

La proposición hecha por Patrick Henry a Miralles, personalmente, reiteraba las que ya había hecho a Bernardo de Gálvez; pero dejaba de tener en cuenta un hecho real y de enorme importancia, cual era el de que los norteamericanos de Virginia, las Carolinas y Georgia, carecían de recursos propios para llevar a cabo la ofensiva contra los británicos de las Floridas, ni siquiera unidos a los españoles, en esos momentos. La Guerra de Independencia en los estados del Sur era toda ella favorable a los británicos, no sólo en las batallas campales, sino en la tentativa para libertar a Savannah, Georgia, y en la defensa de Charleston, S. C., plaza ésta que antes de mucho caería en poder de los británicos, con lo cual éstos se harían dueños por completo de las Carolinas y de Georgia hasta la victoria decisiva de Washington en Yorktown, que puso fin a la Guerra de Independencia.

Mucho tiempo habría de pasar, sin embargo, hasta la derrota de Cornwallis en Yorktown, y todos los buenos deseos de los norteamericanos para ayudar a España contra los británicos quedaron en eso, en buenos deseos, mientras que los españoles y sus colonos de Cuba, México, Venezuela, Santo Domingo y Puerto Rico, asestaban unos tras otros los golpes decisivos a las tropas británicas del Valle del Mississippi y en la Florida Occidental es decir, en la retaguardia de Pennsylvania, de Virginia y de las Carolinas, y al Sur de Georgia, en las Floridas, con lo que los británicos no pudieron ayudar a Cornwallis en Yorktown.

Todo parece indicar que Miralles hizo buenas migas con Patrick Henry, los Lee, los Randolph y otros prominentes virginianos de la época, con ocasión de su visita a Wiliamsburg.

48. *Ibíd.*, pág. 81.

Queda constancia en las anotaciones del «Diario» de Richard Henry Lee, de que los «habanos» con que le había obsequiado Miralles eran los mejores que había fumado, un elogio que en las tierras de Virginia, famosas por su tabaco, era doblemente significativo. Y es que Miralles viajaba con regalos para los personajes con quienes se relacionaba. Rumboso como era y acostumbrado a la buena vida del cubano rico, trataba de congraciarse a fuerza de cortesías, promesas y obsequios, a fin de asegurarse el buen éxito de su gestión, y así seguiría haciéndolo al llegar a Filadelfia. En esto también entraba el cálculo del comerciante y hombre de negocios quien, generalmente, por el contrabando, y en 1762-1763 por el libre comercio entre La Habana y las Trece Colonias, había hecho fortuna. La independencia de los Estados Unidos, pensaba él, favorecería el comercio cubano-norteamericano con los correspondientes beneficios para quienes se dedicasen a ese tráfico mercantil, como era su caso.

Establecidos sus contactos con las autoridades y los personajes influyentes de Carolina del Sur, Carolina del Norte y Virginia, a mediados de junio de 1778, Miralles se despidió del gobernador Patrick Henry y de sus colegas para seguir viaje a Filadelfia. Su última carta en Virginia, dirigida al capitán general Navarro, fue fechada el 22 de junio en Yorktown, Va., entonces una pequeña población sin mucha significación; pero con embarcadero propio para el tabaco cosechado a lo largo del río James. El viaje de Williamsburg a Yorktown fue por tierra, con Miralles y su secretario en una carretela con escolta y que llevaba los equipajes. El «Comisionado Regio» de España iba muy recomendado a los vecinos prominentes de Yorktown, quienes tenían sus contactos políticos en Williamsburg, pero por el tenor de su correspondencia y por los preparativos que tenía que hacer para seguir viaje en dirección norte, es posible colegir que se hospedó en Swan's Inn, en Main Street, cercana al muelle principal, al Courthouse, a la Aduana y a los principales edificios coloniales de la época. Allí, en Yorktown, Miralles le escribió al capitán General Navarro su carta de junio 22 de 1778, tres años antes de que la pequeña población, entonces de unos tres mil habitantes, fuese el teatro de la batalla decisiva para la independencia de los Estados Unidos. Esa carta al mariscal Navarro, como el resto de su correspondencia oficial y familiar, fueron por tierra desde Yorktown hasta Charleston, S. C., donde George Abbot Hall se encargaba de llevar toda esa papelería hasta La Habana en el velero que meses antes Miralles había fletado al efecto.

Difíciles eran las comunicaciones por tierra a la sazón, y Miralles era hombre de gran experiencia marinera. Por eso mismo parece lógico que la nueva etapa de su viaje fuese por mar, con escala en Alexandría, Va., y subiendo por la bahía de Chesapeake hasta Baltimore con todas las precauciones del caso, ya que había corsarios «loyalists» por aquellas aguas. Desde Baltimore el resto de la formada hasta Filadelfia fue por tierra. Por todas partes el improvisado diplomático era objeto de las mayores consideraciones como el representante del rey de España; pero a su paso por Baltimore no descuidó el interesar a comerciantes y marinos de Maryland dispuestos a comerciar con La Habana, la ciudad de la cual Miralles contaba maravillas y para la cual estaba dispuesto a dar cartas de presentación.

En los primeros días de julio de 1778 ya Miralles había llegado a Filadelfia, recientemente libertada de una breve dominación británica resultante de la derrota de los patriotas en la batalla de Germantown. El gobierno revolucionario se reinstalaba en Filadelfia, que en 1776 había sido el escenario del Segundo Congreso Continental y de la aprobación de la Declaración de la Independencia. No lejos de Filadelfia, en Valley Forge, seguían los sufrimientos de los soldados de Washington, casi sin ropas, desarmados muchos de ellos y en buen número a la intemperie. Enfermos, heridos, sin la adecuada atención médica y mal alimentados, el sombrío cuadro de Valley Forge contrastaba con la abundancia y las comodidades del cuartel general británico de Pennsylvania, donde los campesinos de los alrededores vendían a buen precio las provisiones que les negaban a las tropas patriotas, acantonadas en Valley Forge, porque la Revolución Norteamericana no tenía con qué pagarles.

Miralles y Rendón se instalaron en la casa No. 242, Sur, de la calle Tercera, de Filadelfia, que a partir de entonces y hasta 1782 fue la residencia oficial del «Comisionado Regio» de España, primero Juan de Miralles y luego su secretario y sucesor, Francisco Rendón.

En seguida Miralles inició sus gestiones cerca del Congreso Continental, que necesariamente tenían que ser oficiosas, ya que España no había reconocido la independencia de las Trece Colonias ni se mostraba dispuesta a intercambiar las representaciones diplomáticas regulares. Su posición, pues, quedaba inferiorizada en cuanto a las relaciones directas con el Congreso Continental, ya que tenía que valerse de M. Conrad Alexander Gérard, el primer ministro plenipotenciario de Francia en los Estados Unidos, y después de su sucesor, el Chevalier de la Luzerne, para tratar por mediación de ellos con el Congreso Continental. Los

El sitio y toma de Panzacola por la expedición de Bernardo de Gálvez, golpe mortal a la dominación británica en la América del Norte

Virginia December 19. 1785

Sir

My Homage is due to his Catholic Majesty, for the honor of his present. — The value of it is intrinsically great, but is rendered inestimable by the manner and from the hand it is derived.

Let me entreat you therefore, Sir, to lay before the King my thanks for the Jack asses with which he has been graciously pleased to compliment me; and to assure his Majesty of my unbounded gratitude for so condescending a mark of his Royal notice & favor.

That long life, perfect health, and unfading glory may attend his Majesty's reign, is my fervent wish. With great respect and consideration I have the honor to be

Sir

Yr. Excellency's most Obedt. & most obligd Able Serv

G. Washington

His Excelly.,
The Count of
Florida Blanca.

Carta de Washington. a. 1784.

La carta del general Washington al Conde de Floridablanca, primer ministro de Carlos III, en la que le agradecía el regalo de los burros garañones españoles para la cría de mulos en Mount Vernon, gestionado que había sido por don Juan de Miralles

Francisco de Miranda «El Precursor» de la independencia de la América Hispana, coronel del Ejército Español, general de los ejércitos de la Revolución Francesa, combatiente de la batalla de Panzacola y gestor del donativo de un millón doscientas mil libras tornesas, hecho por las cubanas de La Habana y de Matanzas en 1781, utilizado por las fuerzas de Washington y de Rochambeau en la batalla decisiva de Yorktown à leur destination avec toute la sûreté que les Circonstances permettront. Il est donc à désirer Monsieur, que vous ayés la Bonté d'engager Monsr. le Comte de Grasse à vouloir bien les prendre sur son Escadre et sous son Convoy pour les Conduire à la Caroline du Sud ou à la Georgie; & Messrs les deputés du Congrès ont désiré que je vous en fisse la demande. Je leur ai répondu en Conséquence de ce que vous avés bien voulu me communiquer que vous aviés déja fait quelques ouver=tures à ce Chef d'Escadre touchant les operations dont il pourroit s'occuper & que vous attendiés actuellement sa réponse.

Les intérêts de nos Maîtres sont si étroitement unis Monsieur, l'indépendence & le bonheur de l'Amérique Unie est un Objet qui vous est si cher & si pressant que je ne doute pas que vous ne secondiés de tous vos efforts à demander ce que j'ay l'honneur de vous faire au nom du Roi mon Maître, & du succès desquelles dépend en grande partie la réussite des Operations generales des Puissances alliées.

(signé) Don Juan de Miralles.

Philadelphia [illegible] I certify the above [illegible] true translation from the communication of the [illegible] of France to Congress in this office for Foreign Affairs [illegible]

[illegible]

Hoja final de la propuesta de Juan de Miralles al Congreso Continental de Filadelfia para la acción conjunta de España y los Estados Unidos contra los ingleses de San Agustín de la Florida (1779). Lleva la firma de Miralles

Uno de los retratos del general Washington después de la batalla de Trenton, por Charles Willson Peale, del cual Miralles envió varias copias a La Habana y a Madrid

El mariscal Bernardo, Conde de Gálvez, gobernador de Luisiana, Capitán General de Cuba y Virrey de México, quien tan decisiva ayuda prestó a la Revolución Norteamericana, de 1777-1781

diplomáticos franceses, por supuesto, se aprovecharon de la situación de superioridad en que quedaban colocados respecto a Miralles, con quien se entendían en francés directamente.

Pero era tan atrayente la personalidad de «don Juan», como en seguida fue conocido Miralles en Filadelfia, y tan insinuante y cortés en sus maneras, que no tardó en ser conocido y altamente considerado por los militares y los hombres de negocios de la capital de la nueva nación, dispuestos a pasar por alto la anomalía de que España, aliada de Francia y enemiga de la Gran Bretaña, ayudase en su lucha a las Trece Colonias y no les reconociese su independencia.

El antiguo contrabandista de La Habana y comerciante regular con las Trece Colonias durante la dominación británica en La Habana (1762-1763), había traficado con Robert Morris, llamado «el financiero de la Revolución Norteamericana», quien también era contrabandista además de comerciante regular. Robert Morris era proveedor de Oliver Pollock, establecido en Nueva Orleans y entusiasta defensor de la Revolución Norteamericana. Naturalmente que Morris fue el primer contacto de Miralles en Filadelfia y por mediación suya se le abrieron las puertas de las oficinas, los almacenes, los cuarteles y las residencias de las familias más influyentes.

«Don Juan», vestido y enjoyado con lujo y con buen gusto, comenzó a ser bien recibido en todas partes. Con Robert Morris, como ya había hecho meses atrás en Charleston, S. C., convino en establecer rutas marítimas entre Filadelfia y La Habana. En el curso de unos pocos meses la goleta «Grey Hound», capitán Wolman Sutton y propiedad de Robert Morris, se hizo a la vela en Filadelfia, rumbo a La Habana, con la correspondencia de Miralles y un cargamento de harinas y otros productos norteamericanos. Hizo el viaje con toda felicidad y cargó en La Habana el azúcar, las mieles, el ron y otros productos cubanos con cuya venta se financiaría el viaje en redondo de la «Grey Hound». Además, como era natural en la reacción general contra el monopolio y el exclusivismo colonial de la época, los buques con permiso para el comercio regular también llevaban mercancías de contrabando en ambas direcciones. Miralles y Morris, como la mayoría de los comerciantes, sabían muy bien todos los secretos del contrabando y la profesión a nadie desacreditaba, en realidad.

Miralles era un observador entusiasta de la Revolución Norteamericana desde su desembarco en Charleston, S. C., en los primeros días de 1778; pero ese partidarismo se le desarrolló a su paso por Carolina del Norte, por Virginia y por Maryland hasta convertírsele, ya en Filadelfia, en una profunda simpatía por las Trece Colonias y por sus dirigentes, civiles y militares, por cuyo triunfo abogaba hasta en su correspondencia oficial a pesar de los riesgos que esto conllevaba, mucho más para un hombre como Miralles, cuya ortodoxia católica, así como su fidelidad política, ya habían estado en entredicho para con las autoridades españolas en Cuba. Ni siquiera podía estar del todo seguro en cuanto a su secretario, Francisco Rendón, ya que como era habitual en el régimen colonial español, tenía órdenes de vigilar a su jefe por si caía en extravíos de herejía o de infidencia. Algo pudo hacer en cuanto a sus deberes de católico practicante a su paso por Maryland, un estado en el que la religión católica se practicaba abiertamente, pero al establecerse en Filadelfia ya pudo tener los servicios religiosos del capellán del representante de Francia, M. Gérard.

La ortodoxia católica tenía en aquellos tiempos una importante connotación política en los Estados Unidos. Había una iglesia oficial de la cual era jefe titular el rey de Inglaterra. Esa era la Iglesia Anglicana, muy intolerante que había sido con los católicos y hasta cierto punto con los presbiterianos, metodistas, bautistas y judíos, también. La Guerra de Independencia, al romper los vínculos políticos entre la Gran Bretaña y las Trece Colonias, había planteado una crisis en los lazos religiosos de la Iglesia Anglicana con los clérigos de la misma en las Trece Colonias. Miralles era un «papist» o papista para la ortodoxia anglicana, por eso mismo mirado con curiosidad mezclada con recelo y hasta con hostilidad por muchos de los norteamericanos de la época. Así se explica la violenta reacción de Benedict Arnold, el general traidor que se había pasado a los británicos, al enterarse del ascendiente que Miralles había llegado a tener en el Congreso Continental y hasta con el propio general Washington. [49] Su indignación se desbordó contra aquél a quien él llamaba «el papista Miralles», un personaje extranjero que le había llamado la atención por la influencia que había logrado en Filadelfia cuando Arnold había traicionado aquella revolución de la que había sido uno de los primeros y más esforzados defensores.

Y es que Miralles no se limitó a visitar a los funcionarios de la Revolución Norteamericana, o a los jefes militares, sino que se relacionó con los periodistas, los hombres de negocios y las damas de la sociedad.

49. «La verdadera historia», por Herminio Portell-Vilá, en *Bohemia*. La Habana, julio 12, 1957.

Así fue como Miralles se interesó por la obra pictórica de Charles Willson Peale, aquel extraño personaje de la historia de las artes y las ciencias de los Estados Unidos, como un émulo de la genialidad de Leonardo da Vinci, quien se había establecido en Filadelfia porque ésta era, más que Boston, el centro de la vida cultural de la nación. Su taller de pintura, que también lo era de escultura además de laboratorio de investigaciones científicas, era muy visitado por las gentes distinguidas de Filadelfia. Naturalmente que el general Jorge Washington y otros personajes posaron para Peale, quien hizo varios retratos al óleo de Washington y luego multiplicó las copias para satisfacer numerosos pedidos.

Miralles se contó entre los patronos de Charles Willson Peale; pero más aún entre sus amigos. Su buen gusto, su esplendidez y su conocimiento en cuanto a las bellas artes, hicieron que ambos tuviesen las más cordiales relaciones. Desde fines de 1777 Peale había sido nombrado por la Asamblea de Pennsylvania como «Comisionado de Bienes Embargados», con facultades para investigarlos, confiscarlos y venderlos. Miralles aspiraba a dar fiestas y recepciones y para ello necesitaba una residencia grande y hasta lujosa. Al efecto puso sus ojos en la mansión que había en Market Street, perteneciente a Joseph Galloway, el ex presidente de la Asamblea de Pennsylvania, enemigo de la Revolución Norteamericana y quien por eso mismo había huido a refugiarse en Londres como uno de los «tories» o «loyalists» importantes, identificado con el régimen de Jorge III. Eso mismo hacía que la residencia de Galloway cayese de lleno entre los bienes a confiscar por Peale, pero Mrs. Galloway había seguido viviendo en la casa familiar y estaba renuente a desalojarla a pesar de todas las intimaciones al efecto.

Dos eran los aspirantes a instalarse en la mansión Galloway: «...Don Juan de Miralles, un caballero cubano quien fungía como el representante no oficial de España..., y el cónsul general de Francia. Don Juan, quien era amigo personal de Peale, fue el preferido...».[50] Esto se decidió al llegar el día 19 de junio de 1778, cuando Peale y los otros comisionados obligaron a Mrs. Galloway a que desalojase su casa, con la que Miralles finalmente no se quedó, pero la amistad entre los dos hombres no se enfrió ni mucho menos. «The Pennsylvania Gazette», edición de noviembre 12, 1778, anunció que Peale había hecho un grabado con el retrato

50. *Charles Wilson Peale*, por Charles Coleman Sellers, New York, Scribner's, 1969 (Illust.), pág. 164.

del general Washington y que «...el generoso Miralles había comprado cuatro docenas, a cinco dólares cada uno...».[51] Era un crecido desembolso en aquellos tiempos, totalmente sufragado por Miralles, quien no tenía gastos de representación y utilizaba sus propios fondos. Pero ya era por entonces tan entusiasta su admiración por Washington, que daba por muy bien empleados los dineros que había pagado por los retratos. Además, casi en seguida comenzó a distribuirlos como obsequios entre los gobernantes españoles y sus familiares y amigos, en lo que hoy diríamos que era una campaña de propaganda, en extremo significativa, ya que los regalos iban acompañados de los más encendidos elogios acerca de la personalidad del general Washington.

De la intimidad que llegó a haber entre Miralles y Peale da una buena prueba el dato mencionado por Sellers respecto a que el 11 de diciembre de 1778, cuando el pintor norteamericano tuvo que ir a Baltimore en relación con una testamentaría, le pidió prestado a Miralles su excelente caballo de silla para hacer ese viaje.

Todavía después hay el dato de que en enero de 1779 el Consejo Ejecutivo Supremo de Pennsylvania le encargó a Peale el célebre retrato al óleo de Washington después de las batallas Trenton y de Princenton, de cuerpo entero, considerado como una de las joyas pictóricas de la época. Miralles le compró a Peale nada menos que cinco reproducciones de ese retrato, que fueron enviadas a Cuba y a España.[52]

En el verano de 1778 ya Miralles se movía dentro de los círculos oficiales y sociales de Filadelfia, donde su cortesía, su elegancia, su conocimiento de idiomas, su munificencia y su don de mundo le hicieron muy popular.

El tráfico con La Habana, comenzado por la goleta «Grey Hound» en octubre de 1778, al mes siguiente ya contaba con otro buque, el «Buck Skin», capitán John Young, y la goleta «San Andrés», que en un principio sólo hacía la ruta Charleston-La Habana, extendió sus viajes hasta Filadelfia. Con este comercio, del cual participaba Robert Morris, Miralles tenía los ingresos necesarios para mantener su fastuoso tren de vida.

El general Washington supo tempranamente de la misión de Miralles y éste apeló a sus mejores artes para insinuarse en el ánimo del caudillo de la Revolución Norteamericana como paso previo para las negociaciones que se proponía desarrollar con él,

51. *Ibídem*, págs. 166
52. *Ibíd.*, págs. 168-169.

pero no se podían precipitar los acontecimientos mientras la situación de España en la guerra no quedase del todo diafanizada. La primera entrevista se demoró varios meses.

Miralles tenía bastante que hacer mientras tanto, aparte de su actuación en la sociedad de Filadelfia. Sus actividades en cuanto al comercio de Filadelfia, Baltimore y Charleston con La Habana le ocupaban buena parte de su tiempo. A él llegaban, naturalmente, las quejas y las reclamaciones de los marinos españoles víctimas de los ataques irregulares de los corsarios norteamericanos de la Nueva Inglaterra, asi como las apelaciones de los españoles que habían caído prisioneros de los británicos y más de un centenar de los cuales perecieron en Nueva York durante su cautiverio, además de las peticiones del Congreso Continental para la ayuda militar y financiera que las Trece Colonias le pedían a España. Varias importantes transacciones hechas por entonces habían necesitado la garantía de la firma de Miralles y hasta sus aportes económicos directos, que comprometían su fortuna personal. Su secretario, Francisco Rendón, era hombre en extremo laborioso y de alguna preparación en cuestiones administrativas; pero nada podía hacer por su cuenta aunque el gobierno de Madrid lo tenía junto a Miralles como observador e informante.

Todo hace presumir que Miralles nunca tuvo las instrucciones regulares de un ministro plenipotenciario, sino ciertas directrices en cuanto a lo que España esperaba de los Estados Unidos y lo que estaba dispuesta a darles, todo ello rodeado de reservas y advertencias.

El primero y el más importante punto de esas directrices era el relacionado con la expulsión de la Gran Bretaña de la América del Norte, Canadá inclusive, de haber sido posible. Los hechos nos dicen que la totalidad de esa aspiración, que también era la de los norteamericanos, no se realizó en cuanto a Canadá. A pesar de la todavía reciente fecha en que los franceses habían sido dueños de Canadá y de la dura lucha entre Montcalm y Wolfe y las atrocidades de la dominación británica, Canadá siguió al lado de la Gran Bretaña y la ayudó contra los norteamericanos, cosa que a Miralles le era incomprensible, quizás si por su ascendencia francesa. La realidad era que quince años del coloniaje británico habían sido más que suficientes para consolidar la dominación británica en Canadá y que se mantuvo inquebrantable a pesar del estímulo revolucionario surgido del otro lado del río San Lorenzo y de los Grandes Lagos. De todos modos, el proceso histórico más importante fue el que tuvo que ver con la derrota y la rendición de los británicos en el Valle del Mississippi y en las Floridas con sólo el esfuerzo militar y naval de España y sus colonias más cercanas al Golfo de México, especialmente Cuba.

En cuanto a los hombres, los materiales de guerra y los caudales con que España y sus colonias contribuyeron a la Revolución Norteamericana puede haber y hay diversos puntos de vista y hasta hay historiadores de los Estados Unidos quienes se empeñan en restarle importancia y aun negar esa ayuda; pero en lo que se refiere al hecho fundamental de la expulsión del poderío colonial británico al Sur y al Oeste de los Estados Unidos de 1783, ¿hay alguien que tenga razón para hacer tal cosa? Si las Trece Colonias hubiesen comenzado su independencia cercadas por los británicos al Norte, al Oeste y al Sur, con «Britannia ruling the waves» a lo largo de la costa del Atlántico, ¿cómo habrían podido los Estados Unidos alcanzar su formidable desarrollo inicial?

España y sus colonias, al vencer a la Gran Bretaña y al obligarla a evacuar sus factorías comerciales, sus embarcaderos, sus almacenes, sus bases militares y navales y sus poblaciones junto a los Estados Unidos, hicieron el aporte más decisivo a la independencia y el engrandecimiento de los Estados Unidos. Todo eso ocurrió en un efímero período del renacimiento del poderío español, en tiempos de Carlos III; pero había sido suficiente el que España volviese a tener capaces estadistas en el gobierno y grandes capitanes en el mando de sus fuerzas armadas en el momento crítico de la Revolución Norteamericana para que pudiese derrotar a los británicos de manera decisiva hasta llegar a reemplazar a Francia y a la Gran Bretaña como dueña del Valle de Mississippi y de las Floridas.

Pero aquello fue como una estrella fugaz que por poco tiempo deslumbró con sus resplandores. Cuando los Estados Unidos comenzaron a ejercitar sus jóvenes músculos expansionistas hacia el Sur y en dirección al Oeste, ya no tuvieron que enfrentarse con el poderío británico, sino con el nuevamente caduco régimen colonial español, cada uno de cuyos descalabros representó un movimiento de avance de los Estados Unidos a costa de España, lo que nunca habría resultado tan fácil si la Gran Bretaña hubiese podido conservar los extensos dominios que España y sus colonos le arrancaron con sus victorias desde 1779 a 1783.

Porque el hecho es que la misión de Miralles buscaba el que fuesen los norteamericanos, a lo sumo en esfuerzo conjunto con los españoles, como las Trece Colonias se habían ofrecido a hacerlo, los que derrotasen a los británicos en las dos Floridas. Y ls norteamericanos nunca tuvieron fuerzas suficientes, no ya para acometer la empresa por su cuenta, sino tampoco para hacerlo al lado de los españoles. El curso de la guerra había mejorado para los norteamericanos de la Nueva Inglaterra y en las llamadas Middle Colonies, mientras George Rogers Clark desarrollaba su heroica campaña en el valle del Ohío y hacia los Grandes Lagos, pero el fracaso de franceses y norteamericanos al atacar a Savannah, y el sitio y la toma de Charleston, S. C., por los británicos, hicieron imposible el que las tropas de Washington pudieran llevar las hostilidades hasta las dos Floridas. Esa empresa quedó reservada para España y sus colonos de América, pero fue en extremo beneficiosa para las Trece Colonias.

Miralles tenía instrucciones precisas del Capitán General de Cuba para que excitase a los norteamericanos a que atacasen a San Agustín, en la Florida Oriental, y comenzó a desenvolver sus gestiones en ese sentido desde que llegó a Charleston, S. C., las siguió en sus contactos con Patrick Henry e insistió sobre ellas en Filadelfia; pero tan pronto como el Congreso Continental prestó oídos a esa sugerencia y contestó con la propuesta formal de una ofensiva combinada contra San Agustín, a cuyo efecto se envió a La Habana a un comisionado, el mariscal Navarro le comunicó a Miralles, con fecha 10 de marzo de 1780, que las instrucciones que él tenía no le autorizaban para acometer la realización de esa empresa en combinación con los norteamericanos; pero que él entendía que los norteamericanos serían los que la llevarían a cabo para luego venderle las dos Floridas a España por una cantidad que se hizo ascender a doscientos millones de libras tornesas. [63] Como ya hemos indicado las derrotas norteamericanas de Charleston y de Savannah dificultaron y hasta hicieron imposible la realización de ese plan de campaña, al cual Miralles había atendido con gran entusiasmo.

Consta que en las primeras entrevistas de Miralles con el general Washington ambos trataron de la posible acción conjunta contra los británicos de las dos Floridas. El caudillo norteamericano se mostró favorable a esa proposición y dio las órdenes del caso al general Benjamín Lincoln, quien en septiembre de 1778 había sido nombrado jefe del ejército norteamericano en el Departamento Meridional. Pocos meses después, sin embargo, el general Lincoln fue derrotado y hecho prisionero por los británicos en el sitio y toma de Charleston, S. C., y no había modo de concentrar los efectivos militares y navales que se necesitaban

53. Portell-Vilá, *Historia...*, ya citada, vol. I, págs. 92-93.

para actuar conjuntamente en las Floridas con las fuerzas procedentes de Cuba.

Miralles había solicitado formalmente del general Washington y del Congreso Continental el aporte de un contingente de cuatro mil soldados; pero no fue posible acceder a esa petición. Como ya hemos indicado, a pesar de los entusiasmos de Miralles el gobierno de Madrid tenía ciertas reservas en cuanto a la fórmula de cooperación que preferían los norteamericanos y que comprendía la cesión a los Estados Unidos de los territorios situados entre las Montañas Apalaches y la margen oriental del Mississippi, además del libre comercio por ese río hasta su desembocadura. John Jay, primero en el seno del Congreso Continental y luego como plenipotenciario norteamericano en Madrid, abogó por esa fórmula, que equivalía a entregarles a los norteamericanos todos los territorios bajo la dominación británica al oeste de las Apalaches; pero sin que los Estados Unidos participasen de la ofensiva contra los británicos en esa región, ofensiva que finalmente fue llevada a la victoria por los españoles y sus colonos.

The Journals of the Continental Congress (Washington, D. C., Government Printing Office, 1905, Vols. II, IV, XII y XV) contienen frecuentes anotaciones de los tratos con Juan de Miralles para la acción conjunta contra las Floridas, que nunca tuvo lugar porque los Estados Unidos no contaban con recursos para ello. A partir de noviembre 4, 1779 las comunicaciones de Miralles y las respuestas del Congreso Continental fueron más concretas en relación con ese proyecto, que era personalmente grato a Miralles por sus relaciones familiares con la Florida Oriental, que era la que más le interesaba. El 7 de diciembre ya se conoció un dictamen favorable a la proyectada ofensiva, firmado por Philip Schuyler y Henry Marchant, y el 16 se produjo el acuerdo favorable a las proposiciones de Miralles, con elogios a Carlos III

...por esos gratos lazos que unen el interés de la ilustre Casa de Borbón reinante en España con la felicidad de la humanidad... [54] (Traducción del Autor).

54. *The Journals of the Continental Congress*, Washington, D. C., 1905, vol. XV, página 1.386. *The Revolutionary Diplomatic Correspondence of the United States*, by Francis Wharton, Washington, D. C., vol. III, págs. 412-414, publica una pobre traducción al inglés del escrito de Miralles sobre la empresa militar conjunta contra la Florida, que originalmente se escribió en francés, idioma que también dominaba Miralles. El escrito fue presentado por mediación del nuevo embajador francés, Chevalier de la Luzerne, que sí estaba acreditado como tal ante el Congreso Continental, mientras que Miralles era un simple «comisionado regio» con funciones diplomáticas. Además, el hecho mismo de que España y Francia sí estaban aliadas, justificaba el que Miralles mantuviese a Luzerne al tanto de sus gestiones.

Miralles, pues, había llevado a buen término el punto más importante de su misión, que era el de lograr que las Trece Colonias se decidiesen a participar junto con las fuerzas procedentes de Cuba en la empresa militar contra San Agustín de la Florida. Las cosas se desenvolvieron después de otro modo por las derrotas norteamericanas en los estados meridionales; pero Miralles había cumplido su cometido. Ni que decir tiene que toda esta laboriosa negociación con el Congreso Continental, que duró casi un año y medio, dio excelentes oportunidad a Miralles para conocer y tratar a los personajes más eminentes del gobierno norteamericano de la época, y para ser conocido de ellos, también.

A fines de 1778 Miralles vio realizada su aspiración de conocer personalmente al general Washington, durante la visita que este último hizo a la capital norteamericana en la Navidad de ese año. La llegada del jefe militar de la revolución tuvo lugar el 22 de diciembre y en seguida hubo fiestas, banquetes y otros actos oficiales en los cuales Miralles conoció a Washington y se relacionó con él. Todo indica que ambos simpatizaron y Miralles logró que Washington y su esposa fuesen sus invitados de honor en un banquete que ofreció en su residencia, el 31 de diciembre de 1778, con asistencia de personajes de la política, el ejército, la diplomacia y los negocios. Por supuesto que la circunstancia de que Miralles era el «Comisionado Regio» de Carlos III mucho tuvo que ver con el hecho de que Washington aceptase su invitación; pero de todos modos, hay que convenir en que el rumboso habanero se había conducido con mucha habilidad para convertirse en uno de los más influyentes «hosts» o anfitriones de Filadelfia, hasta el punto de que el propio general Washington había encontrado tiempo, a pesar de todas las importantes atenciones oficiales relacionadas con su visita a Filadelfia, para aceptar el convite de ·Miralles. Este, por otra parte, no le era del todo desconocido porque desde el 4 de marzo de 1778 el mariscal Navarro, Capitán General de Cuba, le había escrito al general Washington acerca de la persona y la misión de Miralles, y ya eran seis los barcos mercantes que regularmente llevaban y traían el correo y las mercancías entre Filadelfia y La Habana.

En noviembre 18, 1778, Miralles le había enviado al mariscal Navarro uno de los retratos de Washington por Charles Willson Peale, que él había comprado por su cuenta, y en la carta con que acompañó el retrato le decía al Capitán General de Cuba que se lo enviaba...

no dudando que le dará gusto, porque sé que le es V. S. apasionado... [55]

Pocos días después Miralles envió otras copias del retrato de Washington, destinadas una a su propia familia y las otras al intendente del Ejército, al director de Ingenieros, a Juan Josef Eligio de la Puente y a Antonio Ramón del Valle. Una copia adicional iba destinada a don Josef de Gálvez, el ministro de las Indias, en Madrid.

El mariscal Navarro, al acusar el recibo de los retratos enviados, confirmó el dicho de Miralles sobre la admiración que el militar español sentía por Washington, ya que comentó que los destinatarios habían «...apreciado los retratos del Excelentísimo Sr. Washington, cuyo gran talento exige que su memoria pase a los siglos futuros...». [56]

Y Miralles volvió a la carga para decirle al mariscal Navarro que el retrato de Washington tras la batalla de Trenton, pintado por C. W. Peale, era de un parecido

...tan idéntico que no se diferencia del original vivo... de... hombre tan memorable y que ha adquirido tan justa reputación... [57]

Todavía hubo otros retratos de Washington que Miralles envió al mariscal Navarro y al ministro Gálvez, y en julio 22, 1779 les decía que esos obsequios se justificaban con el hecho de que ambos personajes eran de aquéllos en cuyos corazones

...tienen un eminente lugar todos los que por sus talentos, virtudes y heroísmo se han hecho recomendables y remarcables, adornando dichos atributos al General George Washington..., cuya fama es admirada en lo más alto del orbe civilizado... [58]

Es de justicia señalar aquí que estos juicios admirativos acerca de Washington, por observación directa, no eran frecuentes en aquella época, en idioma alguno, y que Miralles y el propio mariscal Navarro, tan olvidados en el bicentenario de la Revolución Norteamericana, eran de los primeros personajes en hacerle la debida justicia a Washington como la gran figura de la Guerra

---

55. Portell-Vilá, *Historia...*, vol. I, pág. 89, *Vidas de la unidad americana*, del mismo autor, vol. I, pág. 15.
56. *Ibídem.*
57. *Ibídem.*
58. Portell-Vilá, *Historia...*, ya citada, vol. I, pág. 90.

de Independencia de los Estados Unidos y como una figura universal, también. Hasta pudiera decirse con verdad que había riesgos políticos en expresarse con tanto entusiasmo y con tales elogios acerca de un hombre cuya actuación revolucionaria al fin y al cabo era una amenaza para todas las potencias que tenian colonias, como era el caso de la misma España, por ejemplo.

Las visitas intercambiadas por Washington y Miralles en Filadelfia fueron de gran cordialidad. El comerciante habanero transformado en diplomático no descuidó un momento en mostrarse cortés y útil para con las esposas de los dirigentes de la Revolución Norteamericana, y también con ellos mismos, por supuesto. Sus buques traían de Cuba los vinos, licores, dulces y golosinas conocidos en La Habana. Y si el ron y los habanos cubanos fueron muy bien recibidos por los norteamericanos, el chocolate, el azúcar coloreado de grandes cristales, los caramelos y el dulce de guayaba, obsequios de Miralles, se hicieron populares en las recepciones de Mrs. Martha C. Washington y de la esposa del general Nathaniel Greene. Miralles distribuyó generosamente entre las tropas de Washington los limones «criollos» de Cuba o «limes», con la recomendación de que los utilizaran contra el escorbuto, como se hacía en Cuba. Siempre tenía abundante provisión de quinina, valioso medicamento del cual España tenía por entonces el monopolio. El carey o tortuga antillana cuya concha era muy apreciada en joyería y peinetería, también fue importada por Miralles para sus obsequios.

El novel diplomático se mostraba dadivoso en extremo y estaba dispuesto a todo para fomentar las buenas relaciones entre España, Cuba y los Estados Unidos. Así fue como el general Washington logró que Miralles se encargase de gestionar con el gobierno de Madrid el regalo de una pareja de burros sementales españoles para fomentar la cría de mulos en la famosa hacienda de Mount Vernon. Miralles le había elogiado al general Washington las cualidades de los burros garañones españoles, descendientes de los que los árabes habían llevado a España, años atrás, y esos elogios llevaron a la promesa de conseguir dos garañones para Mount Vernon.

Las excelencias de los asnos sementales españoles de la época eran muy conocidas en Europa y por eso mismo el gobierno español había dictado restricciones para su venta al extranjero, cosa ésta que sin duda era conocida de Miralles como hombre dedicado al comercio entre España y sus colonias. Esto no obstante tan pronto como advirtió que Washington se interesaba por tener una pareja de burros garañones para la cría de mulos en Mount Vernon, se los ofreció como un obsequio de parte de España y en seguida se aplicó a gestionar el regalo prometido, a cuyo efecto invocó y destacó todas las ventajas que sin duda se derivarían para España en sus relaciones con los Estados Unidos si el caudillo militar en quien él adivinaba a la primera figura política de la nueva nación llegaba a quedar complacido con el obsequio.

La gestión comenzó a fines de 1779; pero las cosas en España no se movían con tanta rapidez como Washington y Miralles hubiesen querido. Todo lo que dependía de Madrid tardaba tanto, que en el imperio colonial español se decía que si la muerte tenía que venir de España, en la América Hispana las gentes vivirían eternamente, porque la muerte nunca llegaría. Y la demora no se debió a que Washington no le recordase a Miralles la promesa de los dos garañones, o a que Miralles no insistiese sobre el asunto en su correspondencia con Josef de Gálvez, el ministro de las Indias, o con los otros personajes del gobierno español: se trataba simplemente de que aquello de enviar dos burros sementales al general Washington, en las Trece Colonias, era una novedad que chocaba con un viejo privilegio. La tramitación se dilató tanto que Miralles falleció sin que los famosos burros llegasen a los Estados Unidos; pero el general Washington siguió insistiendo por mediación de Francisco Rendón, el secretario y sucesor de Miralles, y a fines de 1785, años después del fallecimiento de Miralles y cuando Rendón había sido relevado de su cargo, por fin llegó a Mt. Vernon UNO SOLO de los garañones prometidos. [59]

Los complicados financiamientos de compras, servicios y préstamos hechos por Miralles mientras estuvo en los Estados Unidos comprometieron su fortuna en Cuba y requirieron toda la habilidad y los recursos de su cuñado, Juan Josef Eligio de la Puente, y de su secretario, Francisco Rendón, para aclararlos y liquidarlos en todo lo posible; pero, de todos modos, su patrimonio quedó seriamente afectado con su repentino fallecimiento cuando las cuentas no habían sido liquidadas por el Congreso Continental y por Oliver Pollock y los otros comerciantes norteamericanos con quienes había tenido negocios. Alexander Hamilton, a pesar de que había sido quien, por orden del general Washington, escribió de su puño y letra las cartas en la que Washington hizo el elogio de Miralles el escribirles a la viuda de este último y al Capitán General de Cuba sobre los eminentes servicios de Miralles a la

---

59. *The Writings of George Washington from the original manuscripts sources*, ed. by John C. Fitspatrick, Washington, D. C., Government Printing Office, 1936, vols. XXVII y XXVIII.

Revolución Norteamericana, luego los ignoró en sus obras póstumas.

Uno de los aportes monetarios más importantes hechos por Miralles fue el financiamiento de las reparaciones, las provisiones de boca y guerra, etc., de la escuadrilla del comodoro Alexander Gillon, de Carolina del Sur, cuando hubo de refugiarse en La Habana con su flotilla de siete buques, barco-insignia la fragata «Medley» para arreglos y reavituallamiento. Sin las garantías dadas por Miralles y por su cuñado, Eligio de la Puente, la escuadrilla de Gillon no habría podido hacerse a la mar una vez reparada, ya que Gillon no tenía con qué pagar a sus acreedores. Y cuando el discutido marino de Carolina del Sur por fin no pagó todas sus deudas, los acreedores reclamaron a la herencia de Miralles y a Eligio de la Puente lo que se les debía, sin para mientes en que sólo habían sido fiadores de Gillon quien, por otra parte, según «The Journals of the Continental Congress», (vol. X), en 1777 ya tenía un contrato con el Congreso Continental para un anticipo de $ 125.000, cantidad superior a la que adeudaba en Cuba. En «The Journals», arriba citado (vol. XI), hay otros datos sobre pagos de deudas de las Trece Colonias a Miralles, como los $ 5.496,00 que le fueron abonados en agosto de 1778 por una cuenta de Raymond Demeré.

En más de un caso, no obstante que Miralles en realidad no tenía la condición de diplomático acreditado ante el Congreso Continental, tuvo que actuar en representación de España para lograr que fuesen puestos en libertad y que se les devolviesen sus buques, a los marinos mercantes españoles capturados por los corsarios norteamericanos de la Nueva Inglaterra. Esas gestiones se hacían difíciles por el hecho mismo de que la autoridad del Congreso Continental sobre la colonia de Massachusetts, o la de Maine, donde ocurrieron algunas de esas detenciones de buques y marinos españoles o hispanoamericanos, era desconocida allí, aparte de que las comunicaciones eran trabajosas.

En el volumen XIII, p. 508, de «The Journals of the Continental Congress», aparece el dato de que Henry Laurens y William Henry Drayton, delegados de la Carolina del Sur, transferían $ 36.500,00 en favor de Juan de Miralles, en pago de obligaciones que ese estado había contraído con él; pero falta la confirmación de que esa cantidad se pagase, efectivamente.

Y en 1779 hay constancia en dichos «Journals» de que Miralles había protestado de que los corsarios norteamericanos Hugh Hill y Philip Trask habían capturado dos buques mercantes españoles, el «San Francisco de Paula» (a) «Valenciano», capitán Joaquín de Luca, y el «Santos Mártires», capitán José de Llano, y los habían llevado como presas de guerra al puerto de Newberry, Massachusetts, a pesar de que ya España estaba en guerra con la Gran Bretaña y de que la cooperación con las Trece Colonias era franca y abierta. Todavía hubo otros tres buques mercantes españoles que fueron capturados por los corsarios de Massachusetts y cuya libertad reclamó Miralles como «Comisionado Regio» del monarca español, mientras el gobierno de Madrid seguía prometiéndole un nombramiento de diplomático plenipotenciario que habría conllevado el reconocimiento de la independencia de los Estados Unidos, cosa ésta que España todavía no estaba dispuesta a conceder.

Sin descuidar al Congreso Continental ponía Miralles su mayor interés en cultivar al general Washington, cuya influencia y personalidad crecían por momentos. Para tratar con el Congreso Continental, como que no estaba debidamente acreditado ante el mismo, Miralles dependía de los buenos oficios de los diplomáticos franceses, quienes sí estaban reconocidos. [60]

Señalada demostración de las consideraciones que el general Washington tenía para con Miralles fue la invitación que le hizo para que le visitase en su campamento de Middlebrook, en compañía de M. Gérard, el representante diplomático de Francia. La Revolución Norteamericana atravesaba entonces por una gravísima crisis. No sólo se necesitaban armas, municiones, uniformes y medicinas, sino también triunfos militares que alentasen al pueblo, y noticias favorables, en general, que sirviesen de estimulantes. Aunque Washington no estaba al tanto de todos los detalles de la gestión de Miralles con el Capitán General de Cuba y con el gobierno de Madrid, sí estaba enterado, por las conversaciones y la correspondencia con Miralles, de que éste abogaba por la ayuda oficial española a las Trece Colonias y que por su cuenta daba esa ayuda en todo lo que podía.

Como Helen Metzke McCadden ha destacado en su estudio sobre Miralles y la Revolución Norteamericana, cuando el ex comerciante habanero daba su apoyo material y moral a la Revolución Norteamericana, era cuando Washington se veía precisado a excusarse con el general John Sullivan porque no tenía recursos con que ayudarle en su campaña contra los indios aliados de los británicos. Presa de la desesperación, Washington escribía por entonces a su famoso comprovinciano George Mason, y le decía:

60. *Histoire de la participation de la France a l'establishment des Etats Unis d'Amerique*, por Henri Doniol, París, Imprimerie Nationale, 1892, vol. III, págs. 291-292, 411; vol. IV, págs. 35, 75, 320, 346, 349-350.

...No hay hombre con los mejores deseos por la libertad de su patria y ansioso de ver sus derechos reconocidos, que no se lamente en voz alta para exclamar: ¿dónde están nuestros hombres capacitados? ¿Por qué no dan un paso al frente para salvar a su patria? ¡Qué ésta mi voz, mi querido señor, llegue a usted y a Jefferson y otros; que no ocurra por una errónea opinión que nos limitemos a ser espectadores en la sombra mientras nuestro hasta ahora noble empeño termina en la ignominia! Créame cuando le digo que estamos ante ese peligro... [61] (Traducción del Autor).

Y argüía Washington que lo único que podía impedir el desastre que temía era la entrada de España en la guerra contra la Gran Bretaña. De ahí que tributase honores extraordinarios a Miralles cuando éste le visita en Middlebrook: el habanero amigo suyo y de la Revolución Norteamericana era un sostén y un estímulo. ¡Y pensar que el «Dictionary of American Biography» y el «Dictionary of American History» se han publicado con pretensiones de obras de consulta definitivas y sin mencionar a Miralles!

La visita de Miralles y de Gerard al general Washington en su campamento de Middlebrook, a principios de mayo de 1779, fue un verdadero acontecimiento. Hubo una revista militar en su honor, el 2 de mayo, con el general Washington a la cabeza, acompañado de los generales Von Steuben, Greene, Knox, Wayne y otros. Alexander Hamilton quien después prescindiría de recordar a Miralles y a su valiosa ayuda, iba en el desfile como ayudante de campo de Washington, a quien seguía Miralles, a caballo y vestido y enjoyado a todo lujo, en el papel de representante de Carlos III, el rey de España, de quien tantas cosas se esperaban.

Las damas más distinguidas de New Jersey y de Pennsylvania, con las esposas de los generales Washington, Knox, Greene y otros, estaban entre el público que aplaudía el vistoso desfile militar, demostrativo del renacimiento del Ejército Libertador luego de los días terribles de Valley Forge.

En el campamento se había dispuesto que el nombre del hidalgo «Don Juan», quien desfilaba con su traje de seda escarlata y alamares de oro, fuese el santo y seña para la guarnición, por orden expresa del general Washington. Sin duda que debió ser un curioso trabalenguas para los centinelas norteamericanos el hacerse reconocer con las palabras «Don Juan», en español, durante sus rondas; pero así se hizo.

En las recepciones y las conversaciones de Middlebrook ya

61. McCadden, *ob. cit.*, pág. 363.

Miralles hizo saber que era inminente la entrada de España en la guerra y hubo más de un brindis por Carlos III y por su representante.

El 4 de mayo Miralles informó minuciosamente al mariscal Navarro, Capitán General de Cuba, por escrito, de todo lo relacionado con la visita al campamento de Washington y de los asuntos tratados, en primer lugar lo relativo a la actitud favorable de los Estados Unidos en cuanto al ataque que España preparaba contra los británicos de las Floridas. Washington quiso escribirle al mariscal Navarro, por mediación de Miralles, quien tenía sus barcos en la ruta Filadelfia-La Habana, y así lo hizo. Le confió esa carta escrita por triplicado y le dijo a Miralles:

...Le ruego que tome a su cuidado el despachar estas copias en la primera y más segura oportunidad que tenga. Ansío que esta carta llegue a manos de S. E. (el mariscal Navarro), ya que es portadora de mi gratitud por el placer que he tenido en conocer a su amigo (Miralles) y es un testimonio del respeto en que le tengo... [62]

Por supuesto que Miralles no demoró en contestarle a Washington, tan pronto como estuvo de regreso a Filadelfia. Sus cartas de mayo 22 y 25 al caudillo norteamericano contenían nuevos informes acerca de la inminencia de la declaración de guerra por parte de España. Aparte de las noticias oficiosas del gobierno colonial en La Habana, también tenía las que se desprendían de los datos contenidos en las cartas familiares acerca de los preparativos de la defensa y la llegada de escuadras y tropas. Esas cartas fueron acompañadas de obsequios destinados a Mrs. Washington y a Mrs. Greene, procedentes de Cuba, como jalea de guayaba, chocolates, azúcar y otras golosinas exóticas.

En julio 18 ya Washington le escribía al general Philip Schuyler para decirle:

...Se dice además en los periódicos de Filadelfia que la Corte de España ha accedido a nuestra independencia, y creo que ha habido algunas cartas de particulares recibidas aquí en La Habana que anuncian esto. Espero que sea cierto... [63] (Traducción del Autor).

62. The Writings of George Washington..., obra citada, vol. XV, Washington-Miralles, Middlebrook, N. J., mayo 18, 1779, pág. 166.
63. Ibidem, pág. 366.

Esas cartas no oficiales que había en Filadelfia en julio de 1779 eran las que Miralles recibía de sus familiares y amigos de La Habana; pero la primera noticia oficial de la declaración de guerra de España fue la que el Capitán General de Cuba le comunicó con fecha 6 de agosto al gobierno revolucionario de Charleston, S. C., por medio de los barcos mercantes de Miralles, los cuales iban de La Habana a Filadelfia, pero con escala en Charleston. [64] Washington estudiaba ansiosamente todas las noticias posibles acerca del rompimiento entre España y la Gran Bretaña, un acontecimiento que consideraba de importancia decisiva para la independencia de los Estados Unidos. El 28 de agosto, mientras estaba en West Point, N. Y., comentaba esperanzado lo que había publicado un periódico de Boston acerca de la inminente ruptura anglo-española.

El Congreso Continental se sintió espoleado con las noticias acerca de que España había roto las hostilidades y por fin se decidió a prestar mayor atención a los requerimientos de Miralles para un ataque concertado contra los británicos. El 17 de septiembre se aprobó un acuerdo por el cual el Congreso Continental, a pesar de su debilidad, se comprometía a garantizarle a España las Floridas, siempre que las conquistase por su esfuerzo y luego de que concertase una alianza con las Trece Colonias y con Francia para la lucha común contra la Gran Bretaña, sin olvidar la libre navegación por el Mississippi para el comercio norteamericano.

El acuerdo era un acto de arrogante temeridad por parte del Congreso Continental, un verdadero caso de «bluffing», ya que no tenía la autoridad y el poderío indispensable para dictar normas a las otras naciones; pero es que como siempre ocurre entre los legisladores revolucionarios, los elementos de tendencias demagógicas eran los que se imponían en las decisiones más importantes. John Jay, ex presidente del Congreso Continental y años más tarde el diplomático más impopular en los primeros tiempos de la nueva república, era quien trazaba las normas de la política a seguir en cuanto a España. Aunque aparentemente en las más amistosas relaciones con Miralles, lo que buscaba era arrancarle a España las mayores concesiones posibles con vistas al porvenir. Quizás si por eso mismo fue que el Congreso Continental decidió nombrar a Jay como ministro plenipotenciario en Madrid, a pesar de que no había relaciones diplomáticas con España, aunque con facultades para negociar un tratado con Carlos III.

64. Portell-Vilá, *Historia...*, vol. I, pág. 92.

La misión de Jay venía a ser como un bofetón a Miralles, quien había estado tratando de llevar a cabo eso negociación, precisamente; pero, por otra parte, había alguna justificación para la encomienda confiada a Jay si tenemos en cuenta que el gobierno de Madrid no había hecho la designación formal de Miralles como ministro plenipotenciario a pesar de todas las promesas formuladas al efecto.

En Madrid y en La Habana, por otra parte, se ratificaron en las reservas con que miraban a la nueva nación y aun sin esperar por las intemperancias y las exigencias que marcarían la misión de Jay en Madrid, no demoraron más para tomar la ofensiva contra los británicos en la América del Norte, sin esperar por nada ni por nadie.

El 1.º de octubre de 1779 Miralles comunicó oficialmente al general Washington las decisiones adoptadas por el gobierno español y acompañó un valioso obsequio recibido de La Habana y que era una tortuga con peso de cien libras, con su concha de carey, material este último muy utilizado en los adornos para las vestimentas y el tocado de la época. También recibió Washington otro obsequio de Miralles, consistente en una caja de los limones criollos o «limes», cuyo empleo para combatir el escorbuto comenzaba a conocerse por entonces.

Dos semanas más tarde el general Washington le contestó a Miralles, desde West Point, N .Y., y le decía:

...La información que usted ha tenido la bondad de confiarme es muy agradable. Me prometo los más felices acontecimientos por el conocido espíritu de su nación... Unidos con las armas de Francia podemos esperarlo todo contra los ejércitos de nuestros comunes enemigos, los ingleses... Sólo puedo enviarle desde estos cuarteles, como en cambio, lo que hace tiempo usted tiene y que es mi amistad muy sincera... [65] (Traducción del Autor).

Al cabo de los años este historiador cubano no puede menos de maravillarse ante el contenido de esta carta del general Washington, tan elogiosa y esperanzada por la importante ayuda de España, cuando la realidad nos dice que en la historia de la Guerra de Independencia de los Estados Unidos generalmente se rebaja el valor del aporte hispánico a la Revolución Norteamericana, cuando no se le silencia por completo, como si hubiese sido algo de lo cual los Estados Unidos prefiriesen olvidarse. Y en

65. McCadden, ob. cit., pág. 168.

cuanto al propio Miralles, para quien Washington declaraba tener «una amistad muy sincera», su recuerdo ha desaparecido para los historiadores norteamericanos. Washington, como él mismo decía en la carta que acabamos de citar, lo único con que podía contar para corresponder a la simpatía y el apoyo de Miralles era con «aquella sincera amistad que hace tiempo que usted tiene». Al cabo de los años, desaparecidos Washington y Miralles, el reconocimiento de esa «muy sincera amistad» y de su utilidad, se omite por completo.

Las escuadras francesas nunca se habían aventurado a atacar a la Gran Bretaña por su cuenta en casi dos años de guerra; pero tan pronto como España se incorporó a la lucha, una flota combinada franco-española barrió con los buques británicos en el Paso de Calais y el Canal de la Mancha y los buques ingleses corrieron a refugiarse en los puertos fortificados de la Gran Bretaña e Irlanda. En una ocasión, tras la captura de un barco de guerra británico de 64 cañones, la «Home Fleet» huyó para refugiarse en Portsmouth. Nunca, desde los tiempos en que la Armada Invencible no había sido derrotada por los «sea dogs» y sí por las tempestades, los ingleses se habían sentido tan preocupados y hasta atemorizados. Naturalmente que esa situación se reflejaba en el curso de las hostilidades en la América del Norte. El contingente expedicionario de Rochambeau, que iba a tener un papel decisivo en la victoria final de Yorktown, pudo cruzar el Atlántico sin mayores contratiempos porque con la entrada de España en la guerra ya «Brittania was not ruling the waves». Washington comentaba todo esto en una carta a Gouverner Morris, en noviembre de 1779, y al referirse al creciente temor que se extendía por la Gran Bretaña, le decía: «...confío en que el pánico se extenderá de manera bien general por todo el reino, y que acá sentiremos buenos efectos de todo esto». [66] (Traducción del Autor.)

Y es interesante comprobar, al cabo de los años y especialmente en los días en que se conmemora el bicentenario de la independencia de los Estados Unidos, que la historiografía norteamericana se empeña en ignorar lo que el general Washington reconocía y proclamaba en sus tiempos, es decir, lo referente a la influencia que la participación de España tuvo para los triunfos sobre los británicos que fueron decisivos a partir de 1779. Hasta la efectividad de la ayuda francesa fue mucho mayor cuando la escuadra española entró en acción y completó la protección de los convoyes con las tropas expedicionarias francesas. Y si como

66. *Ibidem*, pág. 368.

señalaba el mismo general Washington, había temores en la propia **Gran Bretaña, el** sentimiento de debilidad y de derrotismo se generalizaba entre las tropas británicas de guarnición en las Trece Colonias.

Los triunfos de las armas españolas en el Valle del Mississippi y en Mobila y en Panzacola, pocos meses después, todavía afectaron más la moral de los militares y los marinos de la Gran Bretaña, quienes hacía muchos años que no sufrían tan serios y continuados reveses.

Las necesidades de la guerra, al interrumpir el comercio regular entre España, las Antillas, el Valle del Mississippi y México, abrieron brecha en el muro del monopolio y del exclusivismo colonial que rodeaba a Hispanoamérica. El Capitán General de Cuba, de acuerdo con Miralles, había autorizado un pobre intercambio mercantil entre las Trece Colonias y Cuba y las otras Antillas Españolas; pero ahora las circunstancias le obligaron a gestionar la ampliación de ese comercio, sobre todo en cuanto al renglón de la harina de trigo, que normalmente se importaba de España y que ya no podía llegar con regularidad de la Península Ibérica. Cierto que se habían acumulado reservas de existencias de harinas; pero había un límite de tiempo para su conservación. La guerra, además, había determinado que aumentasen los hombres de las guarniciones de Cuba, además de que en La Habana, Matanzas y Santiago de Cuba aumentaban las concentraciones de soldados y de marinos para las expediciones que se preparaban y hasta había que atender las necesidades de las escuadras francesas porque sus bases naturales en Haití y en Martinica estaban muy lejos del teatro de las operaciones en la América del Norte. La guerra, pues, había llevado a Cuba una cierta prosperidad, mezclada con la inflación y la escasez de los artículos de primera necesidad, que tampoco abundaban en los Estados Unidos.

El gobierno de Madrid dio orden a las autoridades españolas en La Habana para que suspendiesen todas las restricciones al comercio con las Trece Colonias, sobre todo en cuanto a alimentos, y correspondió a Miralles el presentar esta petición al Congreso Continental, por medio de su antiguo corresponsal, Robert Morris; pero no obstante que la expansión del comercio con Cuba era económicamente conveniente para las Trece Colonias, la agricultura norteamericana no estaba en condiciones de suministrar todas las cantidades de harina de trigo, arroz y pescado salado que Cuba necesitaba, y así se le hizo saber al Capitán General Navarro.

La colaboración para el ataque conjunto contra la Florida

Oriental parecía ofrecer mejores perspectivas de éxito a fines de 1779, y Miralles seguía insistiendo con Washington y con el Congreso Continental para un esfuerzo combinado contra la plaza de San Agustín y los otros establecimientos coloniales británicos en esa región. El general Washington de nuevo acogió favorablemente las proposiciones hechas por Miralles a ese efecto, como que ya sabía que el Congreso Continental estaba a punto de acordar la ofensiva conjunta con las fuerzas españolas concentradas en La Habana, tantas veces pospuesta por la oposición que John Jay y algunos otros miembros del Congreso Continental le habían hecho al proyecto. El 7 de diciembre de 1779 el general Washington le escribió a Miralles desde su campamento de Morristown, N. J., y le decía:

> ...Los propósitos que usted ha tenido la bondad de comunicarme son de lo más interesantes y han sido total y seriamente estudiados de acuerdo con el Hon. Comité del Congreso que fue designado para conferenciar conmigo sobre este asunto. Nuestros criterios son los mismos y los resultados son en esta oportunidad transmitidos al pleno del Congreso, el cual no dudo que inmediatamente se los transmitirá a usted, con sus acuerdos adicionales. De consiguiente, le ruego que se ponga en comunicación con esos señores y me permito repetirle las seguridades del respeto y de la gran estimación que tengo el honor de sentir por usted... [67] (Traducción del Autor).

Efectivamente, al cabo de dos años de incesantes gestiones de Miralles, respaldadas por el propio general Washington, el Congreso Continental se disponía a concertar con España una empresa militar contra los británicos de la Florida Oriental y no los del Valle del Mississippi o la Florida Occidental porque desde el primer momento el Congreso Continental reconocía que no tenía con qué lanzarse a esa otra aventura; pero como ya hemos señalado en páginas anteriores de esta obra, ese plan de campaña ni siquiera pasó de su primera etapa de estudios a causa de las victorias de los británicos sobre los patriotas norteamericanos en Savannah y en Charleston, que impedían toda acción militar de las Trece Colonias mas al sur.

Fue en esas circunstancias que España eludió el satisfacer las esperanzas del Congreso Continental en cuanto a un préstamo o un subsidio por valor de cinco millones de dólares, que a fines de 1779 se consideraba indispensable para financiar un esfuerzo

---

67. *The Writings of George Washington*, ob. cit., vol. XVII, páginas 225-226.

militar de carácter decisivo. Hubo concesiones y préstamos menores con cargo a las Cajas Reales de La Habana, además del importante donativo de los vecinos de La Habana y de Matanzas, pero no la ayuda maciza que el Congreso Continental habría querido.

El invierno de 1779 a 1780 fue uno de los más crudos que se recordaban en las Trece Colonias. Las tropas de Washington, pobremente acantonadas y alimentadas, además de mal vestidas, sufrieron terribles penalidades. Pero los británicos, prácticamente cortadas sus comunicaciones con la metrópoli, no las pasaban mucho mejor. El general Washington había establecido su cuartel general en Morristown, N. J., con una cierta permanencia, ya que se sabía que los británicos no estaban en condiciones de asumir la ofensiva.

En abril de 1780, ya con las seguridades de que sería nombrado el representante diplomático de España, de un momento a otro, Miralles decidió hacer el viaje de Filadelfia a Morristown, acompañado del nuevo ministro plenipotenciario de Francia, el Chevalier de la Luzerne, y de su secretario, Francisco Rendón.

El viaje había sido anunciado y preparado con mucha antelación, y Miralles había enviado por delante los regalos de golosinas, habanos, frutas y licores, que había recibido de La Habana y de los cuales se había encargado John Mitchell, el agente de embarques que Washington tenía en Filadelfia. Miralles y el diplomático francés viajaron en los carruajes de la época, pesados, incómodos y mal protegidos contra las inclemencias del tiempo. Los caminos, cubiertos de nieve y de hielo, estaban casi impasables. El 19 de abril de 1780, al cabo de varios días de viaje, fue la llegada a Morristown.

Por orden del general Washington se había preparado un gran recibimiento para los ilustres visitantes. El propio general Washington, con varios de sus generales, al frente de un lucido contingente de doscientos soldados de línea, acudió a recibirles a cinco millas de distancia. Allí Miralles y de la Luzerne dejaron sus carruajes para montar a caballo. La cabalgata siguió hasta Morristown, recibida con una salva de trece cañonazos y con los aplausos de un numeroso público.

Hubo excursiones por los alrededores y en una de ellas fue el propio general Washington quien les señaló a sus huéspedes las posiciones de los británicos en Nueva York y en Staten Island. Después los visitantes se hospedaron en la Ford Mansion, la residencia oficial del general Washington y su familia, al final de la calle Morris. A Miralles, quien estaba seriamente enfermo con pulmonía, se le asignó una de las habitaciones del piso alto, la más confortable y de más fácil acceso para la necesidades de su atención médica, que comenzó en seguida. Aquéllos eran, sin embargo, los tiempos en que el tratamiento de la pulmonía era a base de emplastos y sangrías. El general Washington designó a sus propios médicos, probablemente los mejores que había, para que se hicieran cargo de cuidar y curar a Miralles, a quien no se le permitió que saliese de su habitación, ni siquiera para asistir a la lucida revista militar que se ofreció en su honor el 24 de abril. Tan grave era su estado ese día, que apenas si se dio cuenta de las tocatas de las bandas militares, de las salvas de artillería y de los fuegos artificiales que acompañaron el desfile de las fuerzas de artillería y de infantería, al mando del general Von Steuben. En la glorieta, junto al general Washington y al gobernador William Livingstone, de New Jersey, estaban los puestos de honor reservados para el diplomático francés de la Luzerne y para Miralles, el comisionado del rey de España, pero el de este último quedó vacío todo el tiempo. El ministro francés regresó a Filadelfia el 25 de abril; pero Miralles, enfermo de muerte, siguió en cama, atendido por la propia Mrs. Martha Washington con la mayor solicitud. El general Washington subía a verle y a interesarse por su salud todos los días, y le enviaba al ministro de la Luzerne un boletín diario sobre el estado de la salud de Miralles. El del 26 de abril le decía:

...Acabo de volver de una visita hecha al Sr. Miralles, y tengo el gusto de informarle a V. E., que si ha experimentado algún cambio desde que usted nos dejó, ha sido para mejorar. La fiebre y el pulso, aunque tuvo una noche muy intranquila ayer, ahora son moderados y normales, y el hipo casi ha desaparecido... [68] (Traducción del Autor).

Al día siguiente el general Washington volvió a escribirle al ministro Luzerne acerca del estado de Miralles y le decía:

El Sr. de Miralles tuvo una noche mucho más fresca ayer, acompañada de otros síntomas favorables; pero el pulso a veces es irregular y débil. Si hoy continuase bien y así pasase la noche siguiente, yo alentaría la agradable esperanza de su restablecimiento... [69] (Traducción del Autor).

68. McCadden, *ob. cit.*, pág. 371.
69. *Ibídem*, pág. 371.

Esta noche, sin embargo, tuvo una recaída por su estado general de debilidad y la creciente infección pulmonar. El corazón fallaba. Y el jefe supremo de la Revolución Norteamericana, en medio de todas sus graves preocupaciones y responsabilidades, todavía encontraba tiempo para visitar al amigo enfermo y para darle ánimos. El 28 de abril, sin embargo, pocas horas antes del fallecimiento de Miralles, Washington daba un informe bien pesimista acerca de la situación de aquel habanero que había llegado a ser su amigo y que con tanto entusiasmo se había dedicado a ayudar a la causa de la Revolución Norteamericana. En una carta de esta fecha, dirigida al ministro Luzerne, ya Washington le decía:

...Tuvo una noche intranquila y la fiebre le ha subido. Le duele mucho la garganta y es con mucha dificultad que se puede alimentar; además, su respiración es trabajosa. Unos síntomas tan desfavorables en etapas tan avanzadas de una enfermedad, dan poca esperanza de curación, especialmente en una persona de la edad del Sr. de Miralles..., su estado se agrava y ahora está delirando... [70]

La vida de Miralles se extinguió en las últimas horas de la tarde, el 28 de abril de 1780 y esa misma noche el general Washington dio cuenta con la triste noticia al Congreso Continental y al ministro Luzerne. La Revolución Norteamericana perdía en aquel habanero uno de sus más entusiastas partidarios y el primer hispanoamericano que había conocido a las Trece Colonias y a sus más ilustres dirigentes a causa de sus viajes y sus gestiones por todo el país. Por supuesto que nadie tiene derecho a imaginar hasta dónde pudiera haber llegado la amistad que unió al general Washington y a Juan de Miralles; pero hay suficientes elementos de juicio para pensar que las relaciones entre Cuba y los Estados Unidos habrían sido más cordiales y fecundas si Miralles hubiese vivido lo bastante para ver al general Washington en el cargo de presidente constitucional de los Estados Unidos mientras él era el primer ministro plenipotenciario de España ante la nueva nación, como se le había prometido.

Los funerales de Miralles estuvieron revestidos de gran solemnidad oficial y hasta popular, ya que hay que tener presente que el «Comisionado Regio» de Carlos III se había granjeado muchas amistades con su carácter afable, sus simpatías por la

70. *Ibíd.*

Revolución Norteamericana y su disposición servicial y generosa. El Dr. James Thacher, cronista de los principales acontecimientos de la Guerra de Independencia de los Estados Unidos, nos ha dejado un relato muy detallado de las honras fúnebres de Miralles, que él presenció, y dice así:

...Acompañé al Dr. Philip Schuyler al cuartel general para asistir a los funerales del Sr. de Miralles... La tapa del sarcófago había sido quitada para que se viesen la pompa y la grandeza con que se había vestido al cadáver. Tenía un espléndido traje de gala, de tela escarlata, bordada con rico encaje de oro, un tricornio con adornos de oro y la elegante peluca terminada en trencilla, medias blancas de seda, grandes hebillas con diamantes en los zapatos y en las rodillas, los dedos de las manos estaban decorados con una profusión de anillos de diamantes, y de un magnífico reloj de oro con diamantes incrustados pendían varios ricos sellos. S. E. el general Washington, con otros varios oficiales generales y miembros del Congreso Continental, asistieron a las solemnidades fúnebres y desfilaron como los principales dolientes. Los otros oficiales del ejército y numerosos ciudadanos respetables, formaron en el espléndido cortejo, que se extendía por una milla de largo... El sarcófago era llevado en hombros por cuatro oficiales de artillería, de completo uniforme. Cada minuto se disparaba un cañonazo durante el desfile, lo que mucho aumentó la solemnidad del acto. Un sacerdote español (?) tuvo a su cargo los ritos funerarios, según las normas católicas. Luego el sarcófago fue colocado dentro de una caja de madera, y todo aquel alarde de pompa y de grandeza fue depositado en una fosa silenciosa, en el camposanto común, cerca de la iglesia de Morristown. Se colocó una guardia permanente junto a la sepultura, para que no fuese a ocurrir que nuestros soldados se sintiesen tentados a excavar en busca de tesoros allí enterrados. Se sabe que el cadáver fue llevado a Filadelfia... [71]

Efectivamente, tal y como anotó el Dr. Thacher, al cabo de unos días el cadáver de Miralles fue llevado a Filadelfia con el mayor cuidado, y puesto a bordo de una de las goletas que el mismo Miralles había destinado al tráfico con La Habana. Francisco Rendón, el secretario de Miralles, se hizo cargo de la misión diplomática y de los negocios de Miralles hasta que el gobierno de Madrid hubiese designado el nuevo representante de España en Filadelfia, lo que se demoró varios años más.

71. *Morristown — A Military Capital of the American Revolution*, por Melvin J. Weig, Washington, D. C., Government Printing Office, 1950, pág. 24.

En Cuba, tras las correspondientes honras fúnebres, el cadáver de Miralles fue definitivamente sepultado en la cripta de la antigua Iglesia del Espíritu Santo, en la calle de Cuba, esquina a la de Acosta, en el corazón de lo que ahora se llama «La Habana Vieja». Allí quedaron los restos del único habanero que había sido testigo presencial y en cierto sentido también actor de la Revolución Norteamericana, con cuyos hombres más representativos había alternado por espacio de varios años.

El historiador tiene que insistir sobre el punto de que los juicios del general Washington acerca de su difunto amigo, el habanero Miralles, no fueron simples frases rutinarias de pésame. En todo ello se advierte la expresión de un dolor sincero, mucho más significativo por el hecho mismo de que el general Washington era hombre más bien reservado, discreto y poco dado a las exageraciones.

Al ministro de la Luzerne escribió el 11 de mayo:

...las atenciones y los honores rendidos al Sr. de Miralles al ocurrir su fallecimiento fueron un tributo a su carácter y a su mérito, y dictados por la sincera estimación en que siempre le tuve... [72]

Y en cuanto al Capitán General de Cuba, el mariscal Navarro, con quien había sostenido una activa correspondencia por medio de Miralles, el general Washington fue todavía más explícito al comunicarle el fallecimiento del representante de España ante la Revolución Norteamericana. Dos días después de la muerte de Miralles, el 30 de abril, desde Morristown, N. J., el general Washington le escribió al mariscal Navarro y le decía:

...Con profunda pena comunico a V. E. la dolorosa noticia del fallecimiento de don Juan de Miralles. Este triste suceso tuvo lugar en mi residencia, antes de ayer, y los restos del Sr. de Miralles fueron enterrados ayer con todo el respeto debido a su carácter y a sus méritos. Me había hecho el honor de visitarme en compañía del ministro de Francia y el mismo día de su llegada fue atacado de violentos dolores biliares los que, después de nueve días, pusieron fin a su vida, no obstante, todos los esfuerzos de los mejores médicos que pudimos consultar. V. E. tendrá la amabilidad de creer que con el mayor placer hice todo lo que un amigo podía hacer por él durante su enfermedad, y que no se omitió cuidado o atención por nuestra parte para

72. McCadden, *ob. cit.*, pág. 371.

su comodidad o restablecimiento. Más sinceramente simpatizo con V. E. por la pérdida de un amigo tan estimable por cuanto que durante su residencia entre nosotros había tenido yo el gusto de contarlo en el número de los que son míos. Debe ser de algún consuelo para sus familiares, sin embargo, el saber que en este país se le estimaba universalmente y del mismo modo será lamentada su muerte.

¿Pudiera solicitar de V. E. el favor de que presentase mis respetos a la viuda y demás familiares de nuestro amigo desaparecido, además de asegurarles cuán sentidamente participo de su aflicción en estas tristes circunstancias...? [73] (Traducción del Autor).

Lentas eran las comunicaciones marítimas entre La Habana y Filadelfia. Y las respuestas del Capitán General de Cuba y de la viuda de Miralles a las noticias que el general Washington les había enviado acerca del fallecimiento del «Comisionado Regio» de España, se demoraron varios meses. El 6 de julio de 1780 doña María Josefa Eligio de la Puente, viuda de Miralles, le escribió a Washington para darle las gracias, en su nombre y en el del resto de la familia, por su pésame y por los cuidados tenidos con Miralles en su última enfermedad. No fue hasta el mes de octubre que el general Washington se enteró de que en Filadelfia había un buque que estaba a punto de hacerse a la vela con destino a La Habana, y por ese buque envió su carta del 13 de octubre a la viuda de Miralles, quien la conservó entre sus papeles familiares hasta su muerte, ocurrida el 10 de septiembre de 1798. Decía Washington en esa carta:

...Señora: Don Francisco (Rendón) ha sido muy amable al informarme de que hay una oportunidad de comunicar con La Habana, y no puedo dejar pasar el honor de hacer a usted mi acuse de recibo por su bondadosa carta del 6 de julio último. Todas las atenciones que me fue posible dedicar a su fallecido esposo fueron dictadas por la amistad con que sus dignas cualidades me habían inspirado.

Vuestra aflicción, señora, como la del resto de la familia, son motivos adicionales para la pena que siento por su pérdida. Estimado por todos los que habían tenido el placer de conocerle, no podía sino serle todavía más querido a quienes tenían con él las relaciones más íntimas y cariñosas. Mi corazón siempre rendirá tributo a su memoria y participará calurosamente en

73. Portell-Vilá, *Miralles, von habanero amigo de Jorge Washington*, ya citada, pág. 19.

los dolores que su desaparición debe causarle a su familia...[74] (Traducción del Austor).

Poco antes de morir ya Miralles le había informado a Washington de que habían comenzado con buen éxito las operaciones militares españolas en el Valle del Mississippi contra los británicos, tema éste que al caudillo norteamericano mucho le interesaba. Ahora le correspondió a Francisco Rendón, el secretario de Miralles, la responsabilidad de mantener informado a Washington del desarrollo de esa ofensiva.

i) El agente Rendón en las Trece Colonias

Rendón era un típico burócrata del régimen colonial español de la época, cuya asociación con Miralles le había abierto nuevos horizontes. Natural de Jerez de la Frontera y más joven que Miralles, durante muchos años había sido como su apoderado en los negocios de comercio, de fletes y también de contrabando y de trata de esclavos, a los que se había dedicado Miralles. Fue así que, naturalmente, le acompañó en su viaje a los Estados Unidos, en calidad de secretario. La misión en las Trece Colonias le familiarizó con ciertas actividades de tipo diplomático, aunque sin abandonar sus otros deberes en cuanto a los negocios de exportación e importación. Al faltar Miralles se vio precisado a reemplazarle y a continuar sus trabajos, de los cuales estaba muy al tanto; pero sin tener un nombramiento regular para ser el nuevo «Comisionado Regio». En realidad nunca se le dio el cargo de ministro plenipotenciario de España en los Estados Unidos, que se le había prometido a Miralles y que finalmente fue para Diego Gardoqui, el comerciante y naviero bilbaíno quien tan importante papel había tenido en la ayuda económica y militar de España a los Estados Unidos.

Pero Rendón no regresó a La Habana cuando por fin se dieron por terminados sus servicios junto al Congreso Continental y al general Washington. Después de un recorrido por la Nueva Inglaterra y por el Valle del Mississippi, como para conocer más a fondo las ciudades y pueblos, las comunicaciones y los lugares históricos de aquella nueva nación a la que había visto nacer y a cuyos esfuerzos revolucionarios había ayudado hasta cierto punto, bajó por el Mississippi hasta Nueva Orleans y de

---

74. *The Writings of George Washington*, ob. cit., vol. XX, pág. 174.

allí pasó a España, donde le esperaba como una recompensa el nombramiento de Intendente de Hacienda de Zacatecas, México, donde pasó el resto de su vida. El general Washington trató de ayudarle con el gobierno español para que tuviese un cargo importante y bien retribuido. No hay memoria de que escribiese relato alguno acerca de los grandes hombres y los notables acontecimientos que había conocido en los Estados Unidos, aunque desempeñó su misión hasta después de la victoria de Yorktown y del cese de la Guerra de Independencia.

En el Archivo de Indias, como en el Archivo Nacional de Cuba y en la documentación del Congreso Continental, de Filadelfia y en la correspondencia del general Washington se encuentra la información necesaria respecto a la gestión de Rendón de los Estados Unidos, la cual también tuvo su importancia.

Y es que Rendón, aunque en una posición subordinada por la deslumbrante personalidad de Miralles, también había conocido a los Rutledge y los Laurens, de Carolina del Sur, a los Nash, de Carolina del Norte, a los Henry, los Lee, los Jefferson y los Mason, de Virginia, y a los Morris, los Jay, los Livingston, etc., del Congreso Continental, aparte de sus contactos con los generales Washington, Sullivan, Greene, Wayne, etc. No podía relacionarse con ellos desde el mismo nivel que Miralles, mientras éste vivió, lo cual constituyó más tarde una desventaja que se empeñó en eliminar a fuerza de habilidad y de discreción.

Rendón sabía muy bien que era interés de España el cooperar en la derrota de los británicos y que esa derrota era conveniente para la seguridad del imperio colonial español en América. También comprendía que para la realización de tales objetivos España necesitaba la expulsión de los británicos del Valle de Mississippi y de las dos Floridas; pero no se le ocultaba que la expansión norteamericana en la América del Norte reemplazaría a la dominación británica, a expensas de España.

Por eso mismo, aunque sus relaciones con los dirigentes de las Trece Colonias fueron siempre correctas y hasta cordiales, en ellas faltaron aquel entusiasmo y aquella confiada cooperación con que se había conducido Miralles. Este, además, como un hidalgo rumboso, oriundo de Francia, de amplia cultura y de gran fortuna, tenía más en común con la aristocracia colonial norteamericana que luchaba por la independencia. La vida en Cuba y especialmente en La Habana, a lo largo de muchos años, había hecho de Miralles un habanero, un cubano y un americano del continente americano, en ese orden. Rendón era esencialmente y por encima de todo, español.

A partir de julio de 1780 la relación entre el Capitán General de Cuba y el general Washington fue a través de Rendón, quien había quedado convertido en «Comisionado Regio» de facto por el hecho de estar ya radicado en las Trece Colonias y de tener la experiencia necesaria para desempeñar ese cargo. Además, con la guerra en pleno desarrollo, las comunicaciones con España, que eran a través de Cuba, eran muy lentas y pocos seguras. El mariscal Navarro, ya sabedor de la muerte de Miralles y enterado de que su mando en Cuba estaba a punto de terminar, se comunicó con el general Washington por medio de Rendón.

Escaseaba la harina de trigo en Cuba y en las otras Antillas, y no era posible regularizar las importaciones de harinas procedentes de España. La única posibilidad de abastecimiento adecuado era la de que las Trece Colonias autorizasen la exportación de sus harinas. Esto no era cosa fácil porque no había excedentes exportables y a veces faltaban harinas para las tropas de Washington y hasta para el consumo público. La necesidad de alimentar a las tropas del general Rochambeau agravó la situación en cuanto a los suministros disponibles. A fines de mayo el Capitán General de Cuba recibió autorización de Madrid para suspender provisionalmente las restricciones al comercio con los Estados Unidos aunque hubiese que pagar en efectivo por los productos importados.

Rendón obtuvo la decisiva cooperación de Robert Morris para ampliar el comercio con Cuba y el 7 de julio de 1780 el Congreso Continental autorizó la exportación de tres mil barriles de harinas para La Habana, lo que Rendón se apresuró a comunicarle al mariscal Navarro con fecha 12 de julio. [75] Dos meses después el mariscal Navarro le avisaba a Rendón la llegada a La Habana del bergantín norteamericano «Fox», capitán Buchanan, con 624 barriles de harinas, que habían sido comprados y pagados en el acto por la Real Hacienda. Para más estimular a los marinos norteamericanos las autoridades españolas les autorizaron para que bajasen libremente a tierra y comprasen lo que quisiesen.

La actividad de Rendón, secundado por Robert Morris, fue extraordinaria y el tráfico comercial entre La Habana y Filadelfia creció notablemente. En menos de seis semanas, de diciembre de 1780 a fines de enero de 1781, nada menos que seis buques norteamericanos, que fueron las goletas «Nonpareil», «Dolphin» y

75. Portell-Vilá, *Historia...*, ya citada, vol. I, pág. 94.

«Mercury», con la fragata «Resolution», el bergantín «Black Prince» y la balandra «Mary», descargaron harinas y otras mercancías norteamericanas en La Habana. [76] Estos aportes ya no sólo eran una ayuda importante para las necesidades alimentarias de la población cubana, sino también para abastecer a las escuadras de España y de Francia y a las expediciones de Bernardo de Gálvez, cuya base estaba en La Habana.

De rareza, sin embargo, se encuentra en la correspondencia de Rendón el entusiasmo y la simpatía por la Revolución Norteamericana que eran evidentes en los despachos y en las conversaciones de Miralles. Quizás si una de las pocas excepciones es la de su carta de fines de abril de 1781 al Capitán General de Cuba en la que le decía que John Jay, desde Madrid, le había comunicado al Congreso Continental que el rey Carlos III había decidido regalar los uniformes para equipar a diez regimientos de las tropas de Washington. Rendón trasmitía la noticia con gran satisfacción, aunque no era cierta del todo. [77]

Samuel Huntington, el presidente del Congreso Continental, le decía en julio de 1781 al nuevo Capitán General de Cuba, don Juan Manuel de Cagigal, natural de Santiago de Cuba, que en Filadelfia se le dispensaban a Rendón todas las atenciones posibles con el deseo de que «...una permanente amistad se establezca entre este pueblo y la nación española», pero la verdad es que ya por entonces habían surgido los primeros rozamientos entre España y los Estados Unidos, que se hacían sentir en Cuba.

Rendón también había cultivado con bastante asiduidad las relaciones con el general Washington, quien le había conocido y tratado como el secretario de Miralles. Washington le reconocía claramente como el sucesor de Miralles y le daba traslado de todo informe sobre los movimientos de las tropas y las escuadras británicas, que pudieran ser de interés para el gobernador de Cuba.

El 30 de septiembre de 1780 Rendón le había escrito a Washington para informarle de las operaciones que se preparaban en La Habana contra Panzacola y San Agustín, y cuidaba de decirle que estas actividades pudieran ser de beneficio para las Trece Colonias, antes de que los británicos pudieran consolidar su control sobre Charleston, S. C., la cual habían reconquistado pocos meses antes. [78] Pero el servicio de inteligencia norteamericano funcionaba muy bien, a lo que parece, porque el 1.º de noviembre ya Washing-

76. *Ibídem*, vol. I, pág. 459.
77. *Ibíd.*, pág. 95.
78. *The Writings of George Washington*, ob. cit., vol. XX, pág. 177.

ton le informaba a Rendón, para que lo avisara a La Habana, que el 16 de octubre una expedición británica con tres mil hombres había salido de Nueva York y pudiera ser que siguiera muy para el sur, o sea, para Panzacola. [79]

La carta de Washington a Rendón, el 18 de noviembre, ya decía concretamente que la fuerte escuadra británica del almirante sir George Brydges Rodney, tras dos victorias sobre los convoyes españoles a la altura del Cabo Finisterre, navegaba hacia las Antillas con un buen número de transportes. El 14 de diciembre Washington ratificaba estas noticias a Rendón y le aconsejaba que avisara tanto a España como a las Antillas, como así lo hizo Rendón con la mayor diligencia. Antes de terminar el mes era Rendón quien le escribía a Washington para informarle del descalabro inicial sufrido por la expedición contra Panzacola que, apenas salida de La Habana, se encontró con uno de los destructores huracanes del Golfo de México y el Estrecho de la Florida, el cual la dispersó con pérdidas de hombres y de buques.

La información dada por Rendón era en extremo minuciosa y por eso mismo impresionó favorablemente al general Washington, quien pudo darse cuenta cabal del enorme esfuerzo militar que se había hecho en Cuba, al equipar a cuarenta y un barcos de guerra y transportes. Veintitrés de estos últimos, con mil seiscientos hombres a bordo, arrastrados por los vientos cruzaron el Golfo de México y fueron a parar a Campeche, de donde después hicieron rumbo a La Habana para figurar en otra expedición que sí pudo atacar a Panzacola con buen éxito, como veremos más adelante.

El 26 de febrero de 1781 Rendón volvió a escribirle al general Washington, quien recibió esa carta en Newport, Rhode Island, donde estaba con el general francés Rochambeau en los preparativos para la que sería la campaña decisiva de Virginia con la batalla final de Yorktown, el pequeño puerto virginiano por donde Miralles y Rendón habían pasado, en mayo de 1778, después de la visita a Patrick Henry, en Williamsburg. Desde New Windsor, Connecticut, Washington le contestó a Rendón, el 23 de marzo de 1781, y se mostró muy complacido porque los informes que le había dado sobre los movimientos de los británicos habían sido de utilidad para los españoles, al mismo tiempo que le agradecía las noticias que le daba sobre el ataque a Panzacola. Es interesante el señalar lo que en esa carta Washington le decía proféticamente a Rendón, como si ya supiese el resultado de la batalla

79. *Ibídem*, pág. 276.

de Yorktown, que todavía no había tenido lugar. Según las palabras del propio Washington, toda su atención se concentraba en el sur, región que sería teatro de «...las más importantes operaciones..., que puede que den un cambio total al aspecto de las cosas por allá...». [80] Efectivamente, siete meses más tarde el ejército británico del lord Cornwallis se rindió en Yorktown, Virginia, a las tropas victoriosas de Washington y Rochambeau.

El 13 de junio de 1781 el general Washington estaba en Dobb's Ferry, Nueva York, con los preparativos para la marcha del Ejército Libertador hacia el sur y allí le llegaron los acostumbrados regalos de golosinas, vinos y licores de Cuba y de España, costumbre que Miralles había iniciado en sus tiempos y que Rendón seguía cumpliendo periódicamente. Una carta de esa fecha daba profusas gracias a Rendón, a nombre del general Washington y de su esposa, por los obsequios recibidos, y luego pasaba a decirle a Rendón que todavía no sabía los términos de la capitulación de los británicos en Panzacola, que acababa de tener lugar con la victoria de Bernardo de Gálvez. Las condiciones de la rendición de los británicos tenían extraordinaria importancia para Washington en relación con las operaciones que él y Rochambeau iban a desarrollar en Virginia y esto era así por varias razones, una de ellas la de que si los británicos se habían rendido sin condiciones podían volver a la lucha en seguida como refuerzos en otro teatro de la lucha, quizá si en Virginia. Por otra parte, si los británicos todavía hubiesen tenido intactos sus recursos militares del Valle del Mississippi y de Mobila y Panzacola, sin temor de ser atacados, a fines de 1781 habrían podido enviar refuerzos a Virginia y a las Carolinas.

En abril de 1782 Washington y Rendón se entrevistaron en Filadelfia y trataron diversos asuntos relacionados con la etapa final de la Guerra de Independencia; pero ya por entonces las relaciones personales entre ambos eran bien cordiales, hasta el punto de que Washington insistía con Rendón para el cumplimiento de la promesa que le había hecho Miralles en cuanto al obsequio de una pareja de burros sementales españoles con los que se proponía desarrollar la cría de mulos en Mount Vernon.

En ese mismo mes de abril Rendón le escribía a Washington y le enviaba la carta por mediación del conde Beniowsky para decirle que las armas españolas se habían anotado importantes triunfos sobre los británicos, de lo cual Washington se mostró satisfecho al felicitar al representante de España. El intercambio

---

80. *Ibíd.*, vol. XXI, pág. 358.

de cumplidos era muy interesante, más aún cuando Washington expresaba su gratitud a Rendón por las atenciones que había tenido para con él y con Mrs. Washington durante su reciente estancia en Filadelfia. Todo esto parece demostrar que Rendón, formado en la escuela de los halagos y los obsequios que Miralles había puesto en práctica para sus relaciones con los personajes norteamericanos, ya había logrado conquistarse la buena voluntad y hasta la amistad del general Washington.

Poco después, en julio de 1782, Washington le encomendaba al general James Clinton que le diese facilidades a Rendón para su visita al campo de batalla de Saratoga.

En otra visita que el general Washington hizo a Filadelfia, en agosto de 1782, Rendón quiso impresionar a su propio gobierno y a los dirigentes norteamericanos, y al efecto le ofreció a Washington una recepción y comida de gala, a la que asistieron los principales personajes de la nueva nación, civiles y militares, así como los diplomáticos acreditados. Pero Rendón había tropezado con una dificultad en cuanto al equipo de comedor de la misión española, que era más bien pobre. Ni corto ni perezoso Rendón le pidió prestada al propio Washington su vajilla de plata y fue complacido en su petición; pero el desenlace de la cuestión fue en extremo desagradable cuando iba a hacerse la devolución de la vajilla y se descubrió que faltaban doce fuentes de plata de las que algunos coleccionistas de objetos históricos se habían apropiado. Washington sobrellevó la pérdida con toda la mejor gracia que pudo y Rendón se esforzó en lo posible para justificarse.

Ya por entonces habían surgido las primeras dificultades entre España y los Estados Unidos, que se reflejarían sobre Cuba y la Luisiana. La arrogancia y la poca habilidad de John Jay como representante de los Estados Unidos en Madrid tuvieron que ver con esas dificultades iniciales, como veremos más adelante; pero Rendón, por su parte, no se mostró más conciliador. En realidad, justo es repetirlo, él nunca se había sentido tan entusiasta partidario de las relaciones con los Estados Unidos como Miralles. Había sido el continuador de este último porque las circunstancias así lo habían impuesto; pero su principalísima preocupación era la de conservar el imperio colonial español en América, fuertemente sacudido a la sazón por los movimientos revolucionarios surgidos en Perú y en la Nueva Granada.

Así fue que el ministro de las Indias, Josef de Gálvez, le encomendó a Rendón que averiguase con el Congreso Continental de Filadelfia cuáles serían la actitud y la política de los Estados Unidos, después de la paz, en cuanto a España y a su imperio colonial en América. El 20 de abril de 1782 Rendón le informó a Gálvez cuáles habían sido las respuestas que con toda franqueza le había dado Mr. Robert R. Livington, el presidente del Congreso Continental, al cuestionario que Rendón le había sometido acerca de las preocupaciones del gobierno español.

Según Rendón le informó a Gálvez, la sexta de las preguntas de su cuestionario planteaba la siguiente cuestión: «¿Cuál podrá ser la ligazón de comercio entre la América y la España en el caso de que esta última accediese a un tratado de comercio?». Livington le contestó en la siguiente forma:

...La conexión de comercio entre la España y los Estados Unidos será mutua en toda su extensión y si encuentran estos habitantes que los animan en las Islas Españolas, seguramente serán proveídas por ellos muy fácilmente de provisiones a tales precios que les produzcan grandes ventajas; y para incrementar el cultivo de azúcares (sic) en aquellas partes, los retornos los harán de dicho azúcar y sal, si los derechos fuesen moderados y permitido el retirar aquellas importanciones... [81]

La séptima pregunta les pedía a los Estados Unidos que dijesen de una manera terminante si cooperarían con España «...para impedir el comercio clandestino de las islas y posesiones continentales de esta potencia con los súbditos de los Estados Unidos». A esto Mr. Livington contestó negativamente con alarma y disgusto de los españoles, cuyas sospechas sobre la expansión norteamericana parecían confirmarse.

Poco después la misión de Miralles y Rendón quedaba terminada, ya que se había ordenado que Diego de Gardoqui fuese el primer ministro plenipotenciario de España en los Estados Unidos.

De todos modos, el general Washington, retirado a su hacienda de Mount Vernon, en Virginia, de alguna manera mantuvo sus relaciones con Rendón cuando éste gestionaba en Madrid que se le diese un cargo en la administración colonial, a tono con los servicios que había prestado en los Estados Unidos. Esto se echa de ver así por la carta de Washington a Rendón, fechada en Mount Vernon el 19 de diciembre de 1785, y enviada por conducto de Pedro Téllez, el arriero castellano quien por fin le había llevado a Washington el burro garañón que Miralles le había prometido seis años atrás. Téllez regresaba a España y Washington en realidad le recomendaba para que se le diese un empleo en las aduanas españolas, cosa para la cual Washington pensaba que Rendón qui-

81. Portell-Vilá, *Historia...*, ya citada, vol. I, pág. 96.

zás si podría ayudarle, ya que había sido nombrado Intendente de Hacienda de Zacatecas, en México, y se disponía a ir a tomar posesión de su cargo. Washington, en apariencia alejado por entonces de la vida pública norteamericana, antes de ser elegido presidente de los Estados Unidos, le decía a Rendón que no conocía al sucesor de éste, que lo era Diego de Gardoqui; pero Gardoqui, como ya hemos señalado en esta obra, también había tenido un papel muy importante en la ayuda de España a los Estados Unidos, durante todo el curso de la Guerra de Independencia, como gerente principal de la casa de comercio y banca de Bilbao, encargada que había sido de los financiamientos y los embarques de los aportes españoles durante la Revolución Norteamericana.

j) La misión de John Jay en España

Si Miralles y Rendón tuvieron sus malos ratos en las Trece Colonias como representantes de España en Filadelfia, peores fueron las frustraciones y las amarguras sufridas por los agentes diplomáticos norteamericanos en España, cuyo gobierno oscilaba entre el deseo de ayudar a los colonos sublevados contra la Gran Bretaña y la preocupación de que la independencia de los Estados Unidos pudiera llegar a afectar la seguridad y el control de los españoles sobre su imperio colonial, aparte de que España no tenía fe en la sinceridad de sus aliados franceses.

Como ya hemos señalado con anterioridad, España se las arregló para ayudar a los norteamericanos, antes de la declaración de guerra contra la Gran Bretaña, con dinero, crédito, armas, municiones, uniformes, vituallas y reparaciones y equipos para sus buques. Esa ayuda se hizo directamente desde la propia España, pero también a través de Francia y de Holanda y muy especialmente desde Cuba, la colonia que con mayores recursos militares y navales España tenía por entonces en torno al Mar Caribe. Cuba era, por otra parte, por su situación geográfica, la base ideal para las operaciones contra el poderío británico en la América del Norte.

Después de la declaración de guerra de Carlos III, el Congreso Continental creyó que España se colocaría abiertamente al lado de los Estados Unidos, como una aliada al servicio de las aspiraciones políticas, económicas y militares de los norteamericanos. Creyeron por entonces en Filadelfia que se necesitaba un enviado más enérgico que Benjamín Franklin, Silas Deane y Arthur Lee, quienes hasta entonces habían representado a los Estados Unidos en las gestiones con los gobernantes y diplomáticos españoles. Al efecto se hizo la designación de John Jay, de Nueva York, a la sazón presidente del Congreso Continental, como ministro plenipotenciario en España, luego de que ésta había declarado la guerra a la Gran Bretaña.

Es posible alegar que la selección de Jay para la espinosa gestión en España no fue acertada. Jay tenía bien afincada la muy británica idea (en eso no había llegado a ser norteamericano), de la inferioridad de España y desconfiaba de los españoles por «papistas» y porque insistían en hablarle en su idioma y en conservar sus costumbres. Por todas partes creía ver a la Inquisición de Felipe II y a los conquistadores coaligados contra las Trece Colonias. Jay y Miralles, como también ocurrió con Rendón, no pudieron conciliar sus puntos de vista en cuanto a la acción conjunta de España y los Estados Unidos contra la Gran Bretaña, y España estaba por eso mismo predispuesta en contra de Jay, cuyo atrabiliario carácter era bien conocido.

Viajó Jay en compañía de su secretario y después su sucesor como ministro plenipotenciario en España, William Carmichael, y de Conrad Alexander Gérard, quien acababa de cesar en su cargo como ministro plenipotenciario de Francia ante el Congreso Continental. Por oficiosidad o por cálculo M. Gérard se inmiscuyó en la gestión encomendada a Jay, cosa que éste toleró, y esto complicó bastante las cosas en lo que respecta a las actuaciones ante el gobierno de Madrid. Los viajeros llegaron a España por Cádiz, puerto situado a gran distancia de Madrid. La dificultad de las comunicaciones de la época era grande y con el régimen político y administrativo vigente en España por entonces, se necesitaba un permiso real para trasladarse a Madrid, aunque se tratase de diplomáticos de naciones aliadas.

La improvisación de Jay como diplomático era tal, que su primera nota al gobierno de Madrid se la dirigió a Josef de Gálvez, el ministro español de las Indias, a quien le notificó su misión de gestionar un acuerdo entre los Estados Unidos y España. La respuesta, sin embargo, la dio el Conde de Floridablanca, primer ministro y ministro de Relaciones Exteriores, en lo que ya era una lección de procedimientos diplomáticos. En marzo de 1780, con la autorización regia para trasladarse a Madrid, Jay y sus acompañantes emprendieron el trabajoso viaje a la corte.[82] Morales-Padrón nos dice que Floridablanca no tardó en enviarle un cuestionario de cinco preguntas sobre la verdadera situación

82. Morales-Padrón, *ob. cit.*, pág. 36.

de los Estados Unidos, el curso de la guerra y los propósitos de su misión en España. Jay contestó en seguida estas preguntas; pero sin que se produjese el reconocimiento de su condición como diplomático que representaba a los Estados Unidos. Carlos III no lo recibió; pero lo mismo hizo con el ministro francés, M. Gérard. La cancillería de Madrid adujo que no quería sentar precedentes y que si el monarca recibía a M. Gérard tendría que hacer lo mismo con Mr. Jay.

Quizás si obligado por las circunstancias, ya que el Congreso Continental carecía de moneda convertible en la cantidad necesaria y había puesto en circulación doscientos millones de pesos en papel moneda, completamente despreciados, el primer planteamiento de Jay en Madrid fue para lograr que el gobierno español abonase letras de cambio giradas sobre Jay por valor de cien mil libras esterlinas, a pagar en seis meses. La transacción venía a ser un hecho consumado y sorprendió a los españoles, a pesar de que estaban bien enterados de la situación económica de las Trece Colonias. Esto no obstante el ministro Floridablanca, quien tenía que hacer frente a los gastos de la guerra en Gibraltar y en Menorca, además de costear las operaciones militares en América, sin recibir los caudales de las Indias, sugirió que los vencimientos de las letras de cambio no fuesen por seis meses, sino por dos años, aun a costa de pagar intereses, al mismo tiempo que las Trece Colonias hacían aportes para la construcción naval.

Esa fórmula no fue del agrado de Jay, quien se conducía como el clásico «high pressure salesman» o vendedor exigente y además tenía predisposición política y religiosa contra los españoles, como si todavía él fuese británico y no norteamericano. Algo de esto resurgió después en su carrera diplomática, cuando le correspondió negociar con la Gran Bretaña un tratado de límites considerado favorable a los británicos y por el cual el pueblo norteamericano le cubrió de invectivas, como aquélla en que le decían: «¡Maldito sea John Jay! ¡Maldito sea el que no maldiga a John Jay!». (Traducción del Autor.)

El enviado norteamericano llegó a carecer por completo de recursos económicos, dependiente en todo y por todo de la generosidad y la buena disposición de los españoles. Como si fuese un hijo pródigo que apelaba a su padre cuando estaba en dificultades, en el verano de 1780 Jay le comunicó a Floridablanca que había librado una letra de cambio contra él por valor de trescientos dólares, y que no tenía con qué pagarla. [83]

83. *Ibídem*, pág. 37.

Pero lo que principalmente le interesaba a Jay era el punto referente a las letras por valor de cien mil libras esterlinas, respecto a las cuales España había estado dando largas al asunto. En septiembre de 1780 Jay se dirigió bastante airadamente a Floridablanca para requerirle a fin de que le diese una respuesta clara y definitiva sobre los auxilios y la naturaleza de los mismos, que los Estados Unidos podían esperar de España. Como hace notar Morales-Padrón en su varias veces citada obra, esta queja daba la impresión de que España no había ayudado a los Estados Unidos en su Guerra de Independencia, lo cual no era cierto, como ya el lector lo habrá advertido por lo que llevamos expuesto sobre este tema. Morales-Padrón cita de la obra clásica de Yela Utrillo sobre la materia, lo que este último atribuye a Floridablanca cuando le contestó a Jay: «...que no podía acordar nada tocante a dinero corriente, y que por no haber consultado nuestro consentimiento antes de girar las letras, así como por no haber dado señales de pensar en algo que nos recompensase, ambas causas deberían haber sido lo bastante para retirarles toda ayuda; pero, no obstante esto, si Jay o sus principales encuentran crédito, afianzando al rey por espacio de tres años el pago de las letras libradas hasta ciento o ciento cincuenta mil pesos, no habrá dificultad en hacerlo. Que también se hará lo posible para socorrerlos en vestuario y otras especies. Y, finalmente, que para ampliar las disposiciones del rey, es preciso que se den algunas señales efectivas de correspondencia que establezcan una sólida amistad y confianza sin reducirse a palabras y protestas de puro cumplimiento».

Como se ve, Jay pedía y exigía y hasta sin miramiento alguno provocaba incidentes al girar letras de cambio contra España sin previa consulta, aparte de toda la otra ayuda que se daba desde Cuba. En diciembre de 1780 se le habían facilitado dieciocho mil pesos para abonar letras vencidas; pero a principios de 1781 se le dieron diecisiete mil pesos duros y luego quince mil más, para la adquisición de vestuarios que un Mr. Harrison, agente norteamericano, había comprado en Cádiz como procedentes de un barco británico capturado, después de lo cual giró contra Jay por el valor de los mismos, cuando Jay no tenía con qué pagar. Después hubo otra entrega por España, de doce mil pesos, en 1781, seguida de un aporte de catorce mil, en mayo de ese año, y otro de doce mil pesos más, al mes siguiente. Y Morales-Padrón todavía nos dice que en agosto España entregó a Jay doce mil pesos más, y que se comprometió a entregar tres millones de reales de la época en el término de seis meses, aparte de otras ayudas posteriores.

Hay que tener en cuenta que España tenía sus propios gastos de guerra, no sólo en Europa, sino en la América del Norte, también, y es fama que para poder costear la expedición contra Mobila hubo que suspender la construcción de una de las torres de la catedral de Málaga, obra que ahora se completa con un donativo hecho por la ciudad de Mobila, puerto importante del Estado de Alabama.

Es obvio que solamente en cuanto a la ayuda española por mediación de John Jay, antes de que en 1782 el turbulento enviado pasase a París, se puede llegar a una cifra muy por encima de los cien mil pesos, que no incluye los financiamientos, las ventas a crédito y las donaciones que España hizo por medio de Diego de Gardoqui, el comerciante y banquero bilbaíno quien por entonces iba a ser enviado a los Estados Unidos como el primer ministro plenipotenciario de España.

Cierto que John Jay no pudo obtener de España todo lo que él quería en favor de los Estados Unidos, pero a pesar de sus prejuicios, que no disimulaba y que más de una vez hirieron los sentimientos de los españoles, y no obstante su falta de tacto, el gobierno de Carlos III hizo todo lo que podía, sin perjudicar sus intereses coloniales, para ayudar a los norteamericanos en su Guerra de Independencia. Mucha de esa ayuda fue secreta o dejó pocas huellas para conocimiento público, porque esa era la política española de la época, la de no dar a sus colonias de Hispanoamérica estímulos revolucionarios. También, hasta la declaración de guerra de 1779, el gobierno de Madrid no había querido dar a los británicos pretexto alguno para que se lanzaran contra las posesiones españolas en América. Era mucho lo que se podía perder en una nueva guerra contra la Gran Bretaña, si ésta resultaba victoriosa.

Esto no obstante la ayuda española fue positiva, valiosa, oportuna y hasta decisiva en relación con la batalla de Yorktown, como veremos más adelante.

¿Por qué, pues, el empeño de ignorar o por lo menos rebajar su importancia? La parcialidad y los complejos de John Jay, primero en el Congreso Continental y luego durante su misión en España, mucho tuvieron que ver con esa injusta actitud por parte de los Estados Unidos. El distinguido historiador norteamericano Prof. Samuel Flagg Bemis, ya fallecido, se informó conmigo en Washington, D. C., cuando hacíamos nuestras respectivas investigaciones históricas en los archivos diplomáticos del Departamento de Estado, en 1931-1932, sobre diversos aspectos de la ayuda de España a la independencia de los Estados Unidos. Luego se publicaron sus importantes trabajos sobre la materia, cada vez más afirmativos a medida que descubría en los archivos de los Estados Unidos y de España (no trabajó en los de Cuba), nuevos datos, cada vez más concluyentes. La evolución de su criterio se echa de ver con la comparación de lo que se dice en la primera edición de su obra clásica «A Diplomatic History of the United States» (1935), y las ediciones posteriores de la misma obra. El reconocimiento de la ayuda de España iba en aumento con cada nueva edición y con cada nuevo trabajo suyo; pero esto es cosa que no se puede decir de otros historiadores norteamericanos.

k) Las campañas de Bernardo de Gálvez

No es posible prescindir del excelente y documentado estudio del Prof. John W. Caughey, de la Universidad de California, intitulado «Bernardo de Gálvez in Louisiana: 1776-1783», si se quiere llegar al conocimiento adecuado de una de las fases más importantes de la Guerra de Independencia de los Estados Unidos, de la que puso fin a la dominación británica en gran parte del Valle del Mississippi y del Golfo de México, antes de la victoria de Yorktown y hasta ayudando poderosamente a ese triunfo, que no hay que olvidar que los británicos de Yorktown no pudieron obtener socorros del oeste y del sur porque ya los españoles se habían quedado con esas regiones. Los millares de «red coats» llevados a Cuba como prisioneros de guerra no pudieron reforzar a Cornwallis en Yorktown.

Aunque sabedores de la inminencia de la guerra por noticias reservadas que habían recibido desde meses atrás, las autoridades coloniales de Luisiana y de Cuba no tuvieron la seguridad de la ruptura de hostilidades hasta mediados de julio de 1779. Con la noticia de que España había entrado en la guerra también le llegó a Bernardo de Gálvez su nombramiento como gobernador en propiedad de la Luisiana, que le fue enviado desde La Habana.

Se había reunido tan secretamente como se había podido una pequeña flota de lanchas y barcazas, a bordo de las cuales se instalaron varios cañones. También se cargaron las municiones y las vituallas, y se dieron los primeros pasos para organizar una fuerza expedicionaria al frente de la cual iría el propio Gálvez. El 18 de agosto de 1779, sin embargo, un huracán tropical descargó su furia sobre Nueva Orleans, y dispersó o hundió los buques, con pérdida del material de guerra trabajosamente reunido. Los reclutas tuvieron que dedicarse a ayudar a las víctimas del ciclón y por un momento pareció que todo se había perdido. Para que la situación fuese todavía más desventajosa para los españoles y los criollos de Nueva Orleans, el huracán no se había hecho sentir río arriba, donde estaban los establecimientos coloniales británicos.

Pero Gálvez era hombre de grandes arrestos e iniciativas, y en vez de amilanarse decidió jugarse el todo por el todo. Convocó a los vecinos al tradicional cabildo abierto de las antiguas municipalidades españolas, y allí anunció la declaración de guerra y su nombramiento de gobernador; pero también informó que había el peligro de un ataque de los británicos, por lo que la mejor defensa consistía en tomar la ofensiva. Para más dramatizar las cosas le planteó al pueblo reunido que ante él estaba dispuesto a prestar juramento del cargo de gobernador y a declarar que daría su vida por la defensa de la Luisiana, aunque necesitaba saber qué pensaban los vecinos y si estaban dispuestos a combatir. La muchedumbre, enardecida, le vitoreó y se ofreció para ir a la lucha.

En el curso de unos pocos días ya se había preparado una expedición en Nueva Orleans que constaba de 667 hombres, muchos de ellos bisoños milicianos, inclusive 80 negros y mulatos libres que iban a combatir en Luisiana contra la dominación británica en la América del Norte como lo habían hecho Crispus Attucks y otros negros norteamericanos en la Nueva Inglaterra. Como para más hacer de aquella expedición un esfuerzo conjunto de razas y nacionalidades diversas, en ella había 330 reclutas mexicanos que acababan de llegar del Virreinato de la Nueva España, además de milicianos procedentes de Cuba, indios y siete voluntarios anglosajones, uno de los cuales era el patriota Oliver Pollock, el representante del Congreso Continental en Nueva Orleans, convertido en ayudante de campo de Gálvez. [84]

A medida que la expedición avanzaba con el mayor sigilo y cortándoles las comunicaciones a los británicos de modo que no estuviesen enterados de la declaración de guerra, se le iban incorporando más combatientes con sus armas y equipos. El primer objetivo era Fort Manchac, cerca de Baton Rouge, y al cabo de dos semanas fue el ataque. El 6 de septiembre se rindió Manchac y siguió el avance contra Baton Rouge, fuertemente defendida por artillería. Las baterías de Gálvez, habilidosamente emplazadas, acallaron los fuegos de los cañones británicos y les incendiaron

---

84. Caughey, *ob. cit.*, pág. 172.

sus cuarteles y almacenes. El 20 de septiembre se rindió el coronel Dickson con 375 soldados regulares y 80 granaderos, además de muchos auxiliares. También entregó sus bagajes y armamentos. De repente España controlaba toda la cuenca del Mississippi hasta muchos kilómetros lejos de su desembocadura.

Las operaciones militares y navales se extendieron hasta cerca de Natchez y dentro del Lago Pontchartrain. Todo el andamiaje colonial británico en esa región se derrumbaba. Nueva Orleans, con sólo cincuenta hombres fijos de guarnición, tenía que vigilar a 550 oficiales y soldados británicos que eran prisioneros de guerra, por lo que se decidió despacharlos para La Habana, con escala en Veracruz, porque en la capital cubana había mejores locales y mayor seguridad para tenerlos en espera de un posible canje. Mucho tiempo había pasado sin que marinos y soldados británicos hubiesen sido derrotados de manera tan decisiva por los españoles, y las noticias de esos descalabros corrieron como reguero de pólvora por las otras guarniciones de las tropas de Jorge III. Como si hubiesen esperado que los españoles se hubiesen comportado como salvajes en el tratamiento de sus prisioneros británicos, el coronel Alex Dickson, al escribirle desde el lugar de su cautiverio a su jefe, el general John Campbell, atribuía a Gálvez, personalmente, el mérito de que hubiesen sido «...tratrados con las mayores atenciones y generosidad, no sólo por los oficiales, ya que también los soldados españoles parecen complacerse en ser amables y corteses con los prisioneros, en general...». [85]

En septiembre de 1780 el Capitán General de Cuba, que todavía lo era el mariscal Diego José Navarro, había enviado a Nueva Orleans setecientos hombres del segundo batallón del Regimiento de España, con un contingente de milicianos cubanos, y estos refuerzos llegaron cuando todavía Gálvez estaba envuelto en el sitio de Baton Rouge, pero contribuyeron a la defensa de Nueva Orleans. La realidad era que los ingleses de Mobila y Panzacola habían estado preparándose para apoderarse de Nueva Orleans antes de que los españoles hubiesen podido entrar en acción; pero la resolución y la audacia de Gálvez se les anticiparon. El plan británico comprendía un doble ataque, no sólo con las fuerzas concentradas en Panzacola, sino con una expedición procedente de Canadá y que habría descendido por el río Mississippi para arrollar a los españoles en su avance. Esta estrategia al mismo tiempo habría colocado a los británicos a espaldas de los ejércitos de Washing-

85. *Ibídem*, págs. 171 y 178-181.

ton, con grave perjuicio para las operaciones militares norteamericanas en Virginia.

También fracasaron los indios aliados de los británicos en el ataque que se les había encomendado para apoderarse de San Luis, en Missouri, con el apoyo de trescientos soldados ingleses enviados desde Canadá. En esa campaña los españoles tuvieron el apoyo del contingente norteamericano mandado por el famoso George Rogers Clark, o sea que, como en Manchac, Baton Rouge y Natchez los españoles y los norteamericanos habían peleado juntos contra los británicos.

En 1781 la Gran Bretaña había sido completamente derrotada y expulsada de todo el Valle del Mississippi hasta su desembocadura. Los españoles controlaban la totalidad de la banda occidental del Mississippi, así como la margen oriental hasta su confluencia con el Ohío, donde comenzaba la zona española que se extendía hasta los Grandes Lagos. ¿Es posible o es de justicia el desconocer o restar importancia a lo que todo esto representó para el mejor éxito de las armas norteamericanas a lo largo de la costa del Atlántico?

El general británico John Campbell, acorralado en Mobila y Panzacola, se dio perfecta cuenta de la gravedad de la situación. Al principio no había querido dar crédito a las noticias del desastre ocurrido en el Valle del Mississippi; pero después quiso intentar un contra-ataque y se encontró con que ni siquiera tenía transportes fluviales suficientes, por lo que lo único que le quedaba por hacer era el tratar de salvar a Mobila y a Panzacola, que estaban bajo su mando en la Florida Occidental. Pero también corría peligro la Florida Oriental, con su capital, la antigua ciudad de San Agustín, el jefe de cuya guarnición, teniente coronel Füser, apeló al general británico sir Henry Clinton, el conquistador de Charleston, S. C., quien a la sazón tenía serias desavenencias con su colega, el general Cornwallis, y estaba a punto de renunciar al mando. El 12 de diciembre de 1779 el teniente coronel Füser le había escrito al general Clinton para informarle de lo ocurrido en Manchac y ya le decía: «Si recibiéramos una visita similar de La Habana, haré lo que deba hacerse; pero no tengo el don de realizar milagros...».[85] (Traducción del Autor.)

Las órdenes que Gálvez había recibido de Madrid y de La Habana, sin embargo, contemplaban una primera fase de la ofensiva española que sí incluía a Mobila y a Panzacola; pero no a San Agustín por el momento, y esa campaña le fue encomendada a Gálvez, exclusivamente, como jefe supremo, por encima de los militares de mayor graduación y de más experiencia; pero es que, aparte de sus importantes influencias políticas y militares, Bernardo de Gálvez había dado amplias demostraciones de valor, de habilidad y de gran intuición en materias estratégicas y tácticas.

De regreso de la triunfal campaña por el Valle del Mississippi, Gálvez se dedicó con toda energía a preparar el ataque contra Mobila, situada a unos doscientos kilómetros de Nueva Orleans, pero que era una de las dos principales bases británicas para su comercio y sus necesidades navales en el Golfo de México. La ciudad, al fondo de una amplia bahía, estaba defendida por el fuerte «Charlotte» y por varias baterías. El acceso por mar era difícil a causa de los islotes y los bancos de arena cercanos a la costa, y por tierra era en extremo peligroso debido a la actitud beligerante de los indios de la región, aliados de los ingleses.

No contaba Gálvez con tropas, buques y recursos suficientes, en Nueva Orleans, para el sitio y asalto de Mobila. Necesitaba que se le ayudase desde La Habana; pero el Capitán General de Cuba, mariscal Diego José Navarro, no veía con buenos ojos a Gálvez o a sus empresas militares. Era algo más que el despecho de un viejo caudillo que se veía desplazado por un militar mucho más joven y apoyado en la Corte por las influencias de sus poderosos parientes. El mariscal Navarro prefería no arriesgar las fuerzas que tenía en Cuba en aventuras fuera de la isla. Esa era la tradición de más de doscientos años del régimen colonial español en Cuba. Esta era una base naval para la defensa del Caribe y del Golfo de México, así como para la protección del comercio español en toda esa región; pero desde las expediciones de Cortés a México y de Hernando de Soto y Pedro Menéndez de Avilés en la Península de la Florida, Cuba había estado replegada en sí misma, sin más aventuras exteriores. Los requerimientos de Gálvez para que le ayudasen en el ataque contra Mobila venían a ser una novedad para las autoridades coloniales españolas en Cuba, como la carrera meteórica del joven gobernador de la Luisiana, por otra parte, era mirada con recelos y hasta con envidia por los militares con más años de servicios, así como también por los jefes navales, siempre animados de la perniciosa rivalidad que dividía a las fuerzas armadas españolas.

Gálvez hizo maravillas con la reparación de los buques y las armas capturados a los británicos en los talleres que se improvisaron en Nueva Orleans. El bergantín «Gálvez» y otros buques fueron cuidadosamente artillados y pronto hubo una flotilla disponible, al mismo tiempo que la tropa veterana y las milicias llevadas desde México y desde Cuba daban la norma para adiestrar y disciplinar los reclutas de Luisiana. De todos modos, esas fuerzas no eran suficientes para tomar las fortificaciones de Mobila y mucho menos la de Panzacola.

Abogó Gálvez para que se le enviasen desde La Habana dos mil hombres de tropas regulares, con sus equipos, que consideraba indispensables; pero el mariscal Navarro se negó de plano a atender esa petición y alegó que necesitaba guarnecer adecuadamente las defensas de La Habana. El Capitán General de Cuba sugirió a fines de 1779 a Gálvez que llevase a cabo un ataque naval contra Panzacola hasta rendirla, con lo cual Mobila y las otras guarniciones no podrían resistir; pero Gálvez le demostró que la artillería de Panzacola podía resistir a una escuadra que no hiciera un desembarco y erigiese sus baterías en tierra. Gálvez seguía defendiendo su plan de operaciones, consistente en apoderarse de Mobila, primero, para luego lanzarse contra Panzacola. La controversia llegó a Carlos III, en Madrid, y el monarca expresó su disgusto por las dilaciones en la ofensiva contra Mobila y Panzacola y ordenó que se enviasen más refuerzos a Cuba. Lo que fue verdaderamente extraordinario en esta enconada controversia, que llegó a ser del dominio público, es que la Gran Bretaña no llegase a enterarse de todo esto y que no se preparase debidamente para hacer frente a los propuestos ataques.

El gobierno de Madrid se inclinaba a darle la razón a Gálvez, y éste rechazó otro plan de campaña de Navarro que consistía en tomar a Mobila y marchar por tierra contra Panzacola; pero al no tener órdenes terminantes de Madrid el Capitán General de Cuba se las manejaba por su cuenta y rehusaba acceder a las peticiones de Gálvez. El 24 de enero de 1780 llegó a La Habana el coronel Esteban Miró, enviado por Gálvez con instrucciones de gestionar que se le enviasen dos mil soldados para los ataques contra Mobila y Panzacola, aunque en la práctica llegaba a conformarse con sólo mil trescientos hombres. Lo más que el coronel Miró pudo conseguir fue que el mariscal Navarro destinase quinientos setenta y siete hombres del Regimiento de Navarra a servir bajo las órdenes de Gálvez en su empresa contra Mobila. Cuando este contingente salió de La Habana, el 10 de febrero de 1780, iba a bordo de cuatro transportes y precedido de un aviso; pero la pequeña expedición se demoró por los vientos adversos y no llegó frente a Mobila sino diez días después.

Gálvez no había esperado por las fuerzas procedentes de La Habana para lanzarse al ataque. El 10 de enero de 1780 revistó su escuadrilla en Nueva Orleans: una fragata mercante armada, cuatro lanchas, un barco de carga, dos bergantines, la goleta de

110

guerra «Volante», la galeota «Valenzuela», el bergantín corsario «Gálvez», y el bergantín real «Kaulikán». A bordo embarcaron 43 soldados del Regimiento del Príncipe, 50 del Regimiento Fijo de La Habana (en su mayoría cubanos), 141 del Regimiento Fijo de Luisiana, 14 artilleros, 26 carabineros, 323 milicianos blancos, 107 negros y mulatos libres, 24 esclavos, y 26 voluntarios anglo-americanos: un total de 754 hombres.

El convoy descendió por el Mississippi y llegó a su desembocadura el 18 de enero; pero no fue hasta el 4 de febrero que los buques, dispersos por una tormenta tropical, volvieron a reunirse. Tres días más tarde habían pasado la entrada de la bahía de Mobila y estaban ante la boca del Río Perdido, por lo que tuvieron que hacer rumbo oeste y el 10 de febrero por fin entraron en la amplia bahía, donde embarrancaron varios de los barcos y algunos de ellos se perdieron por completo. Hecho el desembarco con enormes penalidades, fue posible salvar los equipos y se hicieron los preparativos para el ataque a Fort Charlotte, que estaba al mando del capitán Elías Durnford.

A partir del 28 de febrero el cañoneo entre el fuerte y los buques, que luego aumentó con el de las baterías emplazadas, fue continuo. Los británicos incendiaron la población para evitar que los españoles se hiciesen fuertes en las casas de la misma, y concentraron sus esfuerzcs en la defensa de Fort Charlotte, con la esperanza de que llegarían refuerzos de Panzacola que obligarían a los españoles a levantar el sitio. Este se caracterizó por demostraciones de caballerosidad y cortesía por ambas partes.

En diciembre de 1779 llegó a La Habana el convoy con refuerzos que enviaban desde España, al mando del almirante Jerónimo Girón, Marqués de las Amarillas. El contingente expedicionario era de 3.500 hombres y el mariscal Navarro ya se sintió más seguro contra un posible ataque a La Habana y autorizó el envío de una columna formada por 1.439 hombres bien equipados, entre ellos 339 reclutas del Batallón de Milicias de Pardos y Morenos de La Habana (cubanos negros), quienes en Mobila pelearon contra los británicos [86] hasta la rendición de la plaza.

Las mayores pérdidas iniciales las sufrieron los españoles y sus aliados mientras excavaban trincheras, levantaban reductos y emplazaban sus baterías; pero ya el doce de marzo la artillería española abrió brecha en las defensas británicas y la situación de los ingleses en Mobila se hizo insostenible mientras que la columna enviada por el general John Campbell desde Panzacola se dete-

---

86. Pezuela, *Historia...*, ya citada, vol. III, pág. 149.

nía en el Río Tensaw. El 14 de marzo se rindieron los defensores de Mobila, con el capitán Durnford al frente: eran 13 oficiales, 113 soldados regulares, 56 marinos y 125 milicianos, blancos y negros, un total de 307 hombres. Los británicos habían tenido unos doscientos muertos a lo largo del sitio. Gálvez también se apoderó de varios barcos, treinta y cinco cañones y ocho morteros, además de grandes cantidades de municiones de boca y guerra. La tentativa de socorrer a los sitiados bien demuestra que sin la difícil situación de los británicos en el Valle del Mississippi, en Mobila y en Panzacola, esas tropas habrían podido ir en socorro de Cornwallis, en Yorktown, cuando se discutía allí la batalla decisiva de la independencia de los Estados Unidos.

Gálvez tenía tal identificación con los hechos de la Guerra de Independencia de los Estados Unidos que, al escribir a su tío Josef de Gálvez, con el minucioso relato del sitio y toma de Mobila, le decía que

> ...si la expedición de La Habana hubiese llegado a tiempo para unírsenos, habríamos triunfado sobre los ingleses igual que en Saratoga... [87]

La noticia de la derrota de los británicos en Mobila produjo una profunda impresión sobre los indios Choctaws and Chickasaws, hasta entonces aliados de los ingleses y enemigos de los norteamericanos. En Panzacola y en San Agustín se prepararon para lo peor; pero los generales y las tropas de Jorge III se resignaron a la posibilidad de la derrota final.

Bernardo de Gálvez tributó honores militares a sus hombres por la campaña de Mobila, con distinciones y recompensas para los que habían demostrado más valor y patriotismo. En Madrid el rey Carlos III y sus ministros cubrieron de honores al joven caudillo, ascendido a mariscal de campo y nombrado gobernador de Luisiana y de Mobila. La expulsión de los británicos de la América del Norte había dado un paso más y de enorme importancia para la futura expansión de los Estados Unidos, porque si los norteamericanos no pudieron desalojar a los británicos de Canadá a pesar de que todavía había una viva oposición de la antigua población francesa conquistada por la Gran Bretaña poco antes, la inmensidad del Oeste norteamericano quedaba libre de los «red coats».

Hay un aspecto muy importante que conviene destacar en cuanto a operaciones militares de los españoles y sus colonos en

87. Caughey, *ob. cit.*, págs. 184-185.

la Guerra de Independencia de los Estados Unidos, y es el de que todas ellas combinaron el poderío marítimo y fluvial con las campañas por tierra, lo que las hacía más difíciles cuando el enemigo era la primera potencia naval de la época. Pero de nuevo hay que insistir sobre el punto de que España y en cierto modo Francia, también, compensaron esa desventaja con el hecho de que utilizaban a Cuba, una isla grande, con recursos militares propios y con una situación geográfica privilegiada, cerca de la América del Norte, como la base para sus actividades militares.

Quizás sí fue entonces que Jefferson se dio cuenta de la importancia de Cuba para la seguridad exterior de los Estados Unidos. Como gobernador de Virginia había tratado de excitar a los españoles de la Luisiana y de Cuba para que luchasen contra los británicos y ya se veían los resultados de ese plan. No tardaría Jefferson, con sus contemporáneos, una vez consolidada la independencia de los Estados Unidos, en proclamar la importancia de Cuba para la seguridad norteamericana, pero esa verdad la han desconocido los Eisenhower, los Kennedy, los Johnson, los Nixon y los Ford, de nuestros días, quienes se han conformado con que Cuba se haya convertido en una base soviética y en una amenaza para los Estados Unidos.

Le quedaba a Bernardo de Gálvez una tarea mucho más difícil para completar la expulsión británica del Golfo de México, cual era la de la toma de Panzacola, el puerto y la fortaleza más importantes de los ingleses en el Golfo de México. Cierto que el general John Campbell era abúlico e irresoluto, como ya lo había demostrado; pero tenía bajo su mando, aparte de las milicias, mil trescientos hombres de tropas veteranas pertenecientes a los Regimientos núm. 16, 57 y 60, y los de Waldeck, Pennsylvania y Maryland. El cálculo era el de que había mil quinientos guerreros indígenas disponibles y ávidos de combatir. A las dos fragatas que guardaban la entrada del puerto de Panzacola se unieron el 26 de abril de 1780 cinco barcos de carga, artillados, cinco fragatas y dos buques que eran baterías flotantes, con sus tripulaciones. Todo esto representaba una fuerza de choque de cerca de cuatro mil hombres. Si el general Campbell se consideraba seguro con tales recursos militares y navales, el mariscal Gálvez estaba más que preocupado porque no le enviaban de La Habana los refuerzos que había pedido.

El 15 de febrero pareció que un contingente de 2.065 hombres había embarcado en La Habana, a bordo de varios transportes bien custodiados; pero al llegar un informe confidencial en el que se decía que Panzacola recibía refuerzos británicos enviados desde

Jamaica, el mariscal Navarro ordenó que la tropa desembarcase. El 7 de marzo hubo otra tentativa para atacar los fuertes de Panzacola y silenciarlos; pero el 21 de mayo regresó la escuadrilla a La Habana y su capitán informó que había estado dando bordadas frente a Panzacola, aunque sin llegar a tiro de los fuertes.

Por entonces la escuadrilla propia del mariscal Gálvez contaba con ocho pequeños buques de guerra, sin mucha artillería e inferiores a las fuerzas navales de los británicos. Y era ocioso el que Gálvez se empeñase en lanzar su escuadrilla contra Panzacola, en un esfuerzo desesperado, ya que los capitanes de sus buques se negaban a emprender la riesgosa aventura. Gálvez fracasó en sus empeños de convencer a Campbell para que desbandase a sus voluntarios indios, que ya eran unos dos mil y de cuya ferocidad y crueldad había alarmantes noticias.

Pero sin que Gálvez estuviese enterado de la gravedad de la situación en que se encontraba la guarnición de Panzacola, que no podía ser socorrida desde Jamaica o desde las Trece Colonias, la verdad era que el general Campbell le escribía a su jefe superior, el general Clinton, quien en esos momentos atacaba a Charleston, S. C., hasta obligarla a rendirse, y le pedía que lo relevase del mando en Panzacola porque prefería incorporarse a un ejército de operaciones. También por esa época los británicos habían rechazado a las tropas norteamericanas y a la escuadra francesa del almirante d'Estaing cuando atacaron a Savannah, en Georgia, por lo que los norteamericanos se vieron obligados a permanecer a la defensiva mientras que los británicos ayudaban a San Agustín desde Charleston y Savannah. Era una mala hora para la causa de los patriotas en los estados del sur, salvo por lo que Gálvez pudiera lograr en Panzacola. A mediados de 1780 Gálvez se había visto obligado a suspender el sitio de Panzacola. Devolvió a La Habana buques y tropas y con el resto se dedicó a reforzar a Mobila y a Nueva Orleans en espera de una mejor oportunidad. [88]

88. *The Black Presence in the Era of the American Revolution*, por Lisa M. Strick, Washington, D. C., Smithsonian Institution, 1973, págs. 30-31. La batalla de Savannah, Georgia, debe estudiarse en comparación con las de Mobila y Panzacola. Las fuerzas de desembarco del almirante Conde de Estaing eran 2.823 soldados europeos del ejército regular, 165 milicianos voluntarios de Cap François, y 545 ranchadores, negros y mulatos, de Haití también. Las tropas norteamericanas alcanzaban a 4.000 hombres, o sea, un total de 7.533 contra los británicos, quienes contaban con 7.155 hombres, de ellos cuatro mil negros norteamericanos quienes habían hecho causa común con la Gran Bretaña. Algunos de los más encanados combates fueron entre los soldados negros de ambos bandos. Un haitiano muy joven, de quien se dijo que sólo tenía 12 años de edad, fue el héroe de la batalla al luchar por la independencia de los Estados Unidos, se llamaba Henri Christophe y luego fue uno de los jefes de la Revolu-

Mientras los británicos de Panzacola se hacían la ilusión de que ya nada tenían que temer y que les sería posible tomar la ofensiva contra Mobila, Nueva Orleans y el Valle del Mississippi para cambiar el curso de la guerra con España, el mariscal Gálvez decidió ir personalmente a La Habana, donde llegó el 2 de agosto para en seguida reunirse con los jefes militares y navales de Cuba y organizar una fuerte expedición contra Panzacola. Tardaron varios días sus febriles gestiones; pero invocaba las órdenes de Carlos III para que él se hiciera cargo de las operaciones militares en América. Por fin el 11 de agosto la «Junta Militar» decidió organizar una expedición al mando de Gálvez, que llegaría a tener unos cuatro mil hombres de La Habana y sería reforzada por dos mil más, aportados por México, y todos los que se pudieran reclutar en Puerto Rico y en Santo Domingo. Como ya hemos visto, españoles y cubanos, además de un número menor de mexicanos, ya habían combatido contra los británicos con ocasión de la Guerra de Independencia de los Estados Unidos. Más adelante también señalaremos que hubo participación de venezolanos y haitianos; pero con los acuerdos de agosto de 1780, en La Habana, ya tenemos el dato de que en la expedición contra Panzacola figuraban combatientes puertorriqueños y dominicanos.

La Habana se convirtió en una base expedicionaria. Por fin el Capitán General Navarro, enérgicamente requerido por el gobierno de Madrid para que desechase sus tácticas dilatorias, hizo los mayores esfuerzos para equipar y despachar la expedición y se lo comunicó así al ministro Gálvez, al decirle que:

...respecto a la expedición contra Panzacola no se perdería un momento en suministrarle al mariscal don Bernardo de Gálvez lo que pida y lo que crea que pueda ayudarle en una rápida y feliz conquista... [85]

Cañones, fusiles, bayonetas, cureñas, balas, pólvora, anclas, velamen, cordaje, alimentos, medicinas, etc., de La Habana y de las otras ciudades cubanas, se acumularon en los muelles para embarcarlos en siete buques de línea, cinco fragatas, un buque-correo, un bergantín, un lugre artillado y cuarenta y nueve transportes, todos los cuales harían rumbo a Campeche y a Veracruz, en México, donde se les incorporarían los refuerzos aportados por

ción Haitiana. Fundó una monarquía en Haití y reinó como el famoso Henri I.
Lina W. Strick habla con elogios merecidos de los negros haitianos que en Savannah lucharon por la independencia de los Estados Unidos bajo la bandera de Francia; pero, a lo qua parece, no está enterada de que los negros y los mulatos de las milicias de La Habana también lo hicieron bajo la bandera de España.

el virreinato de la Nueva España. En toda la historia de América jamás se había organizado y equipado en este lado del Atlántico una expedición tan poderosa. La fuerza inicial de desembarco, la obtenida en La Habana y que no incluía la marinería, era de 164 oficiales y 3.827 soldados .

La expedición se hizo a la vela el 17 de octubre, despedida con repiques de campanas, rogativas en las iglesias y en los muelles, y fuegos artificiales. Al día siguiente, sin embargo, cuando trataba de cruzar el Golfo de México rumbo a Veracruz, la expedición fue alcanzada por un huracán que estuvo sacudiendo a los buques desde el 18 hasta el 23 de octubre y que finalmente dispersó el convoy en varias direcciones. Algunos de los buques fueron a parar a Nueva Orleans, otros a Mobila, y la mayoría de ellos se salvaron en la Bahía de Campeche. Uno solo de los barcos se perdió definitivamente; pero la expedición hubo que suspenderla por orden del propio Gálvez, quien tuvo que regresar a Nueva Orleans. Los efectos de esta tormenta se hicieron sentir en la Florida Oriental y hasta en Georgia y las Carolinas, también. Un convoy despachado por el general británico Clinton asimismo sufrió grandes pérdidas.

Pero el descalabro mayor fue el de los españoles, quienes por el momento no pudieron reorganizar la expedición contra Panzacola. La confusión fue tal que hasta un pequeño convoy enviado de La Habana con 500 hombres de refuerzos para Mobila, no se atrevió a llegar a su destino y fue a parar a Nueva Orleans. El general Campbell, en Panzacola, tardó unos dos meses en enterarse del desastre sufrido por la expedición española, pero cuando le llegó la noticia, a principios de enero, organizó su propia expedición para reconquistar a Mobila. Al efecto reunió unos setecientos hombres, inclusive 300 guerreros indios. La guarnición española se defendió heroicamente y rechazó el ataque de los británicos, quienes sufrieron grandes pérdidas y se retiraron desordenadamente. Entre los muertos se contaron el coronel Von Hanxleden y varios oficiales. Gálvez, sin embargo, llegó a la conclusión de que si no se apoderaba de Panzacola todo lo que había conquistado en Mobila y en el Valle del Mississippi, y quizás si la propia Nueva Orleans, estarían en peligro.

De ahí que volviese a La Habana para reclamar un nuevo esfuerzo militar contra Panzacola, con Cuba como base. Hizo elocuentes apelaciones e invocó nuevamente las terminantes órdenes del gobierno de Madrid para la toma de Panzacola. Se encontró con que defendía una causa que era en extremo popular. Los cubanos recordaban muy bien los malos ratos pasados con los ataques de los británicos, muy especialmente el sitio, la toma y la dominación británica de La Habana, en 1762-1763, y además habían desarrollado una simpatía colectiva por los norteamericanos que luchaban por su independencia. La relativa libertad para el comercio y las relaciones con las Trece Colonias, vigentes desde 1777, habían dado fecundos resultados económicos, sociales y culturales. Había norteamericanos establecidos en La Habana, Matanzas y Santiago de Cuba, a pesar de todas las prohibiciones al respecto, y eran recibidos en sus hogares por las familias más influyentes. Impresos, productos y «souvenirs» de las Trece Colonias tenían buena demanda y contribuían a establecer una reacción favorable a los norteamericanos sin que los agentes represivos pudieran perseguir a esos simpatizadores.

En febrero de 1781 las insistentes gestiones de Gálvez lograron que le confiaran mil trescientos quince hombres de los que se habían concentrado en La Habana y se le autorizó para que con ellos y las fuerzas que pudiera extraer de Mobila y de Nueva Orleans, intentase el ataque con Panzacola. Al principio sólo se consignaron como escolta del convoy las fragatas «Santa Clara», de 36 cañones, y «Chambequín», de 20 cañones, con el bergantín «San Pío», de 18 cañones; pero al llegar la noticia de que tres fragatas británicas de 40 cañones cada una habían salido de Jamaica para operar dentro del Golfo de México, se decidió añadir un buque de línea, el «San Ramón», de 74 cañones, y la fragata «Santa Cecilia», de 36 cañones. El 14 de febrero de 1781 la expedición, bajo el mando total de Gálvez, conforme a lo ordenado desde Madrid, inició su salida de la bahía de La Habana, vitoreada por la población y por las guarniciones de los castillos, El Morro, La Punta y la Cabaña. Fue laboriosa la reunión en mar abierto porque reinaba una calma chicha, pero el 27 de febrero, con vientos favorables, el convoy hizo rumbo a Panzacola, directamente, custodiado por cinco buques de guerra, a pesar de de que la «Junta» de La Habana había creído que esa expedición sería empleada principalmente en la defensa de las posesiones españolas en el Valle del Mississippi. Desde La Habana ya Gálvez había enviado órdenes a Nueva Orleans y a Mobila para que los gobernadores de ambas plazas, con todas las fuerzas de que pudieran disponer, marchasen sobre Panzacola y Mobila.

El 9 de marzo el convoy llegó frente a la Isla de Santa Rosa, que cierra la bahía de Panzacola, y allí se hizo un primer desembarco. A las pocas horas ya habían comenzado las hostilidades y una batería erigida a toda prisa rechazó con buen éxito el ataque de dos fragatas británicas. Ya ese día se les hicieron prisioneros a los ingleses y hubo datos concretos acerca de la situación de la plaza; pero casi en seguida surgió una irreparable divergencia de opiniones entre Gálvez y el capitán de marina José Calbó de Irazábal, al mando del navío «San Ramón», cuando el marino español rehusó forzar la entrada del puerto por lo difícil de la maniobra para un barco de tanto tonelaje y que tenía que desfilar por delante de los cañones emplazados en el fuerte de Barrancas Coloradas.

Al cabo de varios días, y sin que Gálvez hubiera podido convencer al capitán Calbó de Irazábal para que forzase la entrada del puerto con el «San Ramón» y los otros buques de guerra que estaban bajo su mando, Gálvez decidió intentarlo él con las otras unidades que sí dependían del joven caudillo. Al anunciar que haría lo que el marino español rehusaba hacer, Gálvez le comunicó su determinación a Calbó de Irazábal por medio de un oficio que iba acompañado de lo que realmente era una provocación personal bien directa, cual fue la de enviar a uno de sus oficiales al «San Ramón», portador de una bala británica de cañón con peso de treinta y dos libras y con el mensaje público de que

...la traía y la presentaba porque era una de las disparadas por el fuerte a la entrada de la bahía, pero que quienquiera que tuviese honor y coraje, que se dispusiera a seguirle porque él (Gálvez) iba a ir por delante en su bergantín «Galveztown» para quitar el miedo... [89]

El mensaje parecía demostrar que Gálvez estaba familiarizado con las proezas y las arrogancias de Cortés y de Pizarro, en sus tiempos; pero, en realidad, era un insulto para Calbó de Irazábal quien, en presencia de su tripulación, proclamó que Gálvez no era sino un «advenedizo audaz y sin modales, un traidor a su rey y a su patria» a quien con gran satisfacción colgaría del palo mayor del "San Ramón"».

Poco después Gálvez subió a bordo del «Galveztown», mandó izar un estandarte de contra-almirante, se expuso en el puente de mando y enfiló el canal a la cabeza de su escuadrilla de cuatro buques, los cuales pasaron por delante de ciento cuarenta cañones británicos que disparaban continuamente y no hicieron averías ni causaron bajas. Para mayor alarde el «Galveztown» saludó al fuerte «Barrancas Coloradas» con una andanada de quince cañonazos de pólvora sola. Al poco rato los cuatro buques estaban a salvo dentro de la bahía y protegidos por el reducto cons-

89. Caughey, *ob. cit.*, págs. 192-193.

truído días antes en Punta Sigüenza. Había sido una hermosa imprudencia, acompañada de buena suerte, pero los expedicionarios, inclusive los marinos, se sintieron enardecidos con aquella proeza, que dejó estupefactos a los británicos.

Las rencillas entre marinos y soldados españoles continuaron el 22 de marzo, cuando Gálvez notificó a los primeros que para nada los necesitaba y que todos podían regresar a La Habana. Al día siguiente, sin embargo, ya hubo una reconciliación general y fue posible organizar el sitio de la plaza. Antes de terminar el mes de marzo, con los contingentes que se le habían incorporado, procedentes de Nueva Orleans y de Mobila, ya Gálvez tenía 3.553 hombres bajo sus banderas.

El fuego de artillería se mantenía con toda intensidad por ambas partes. Entre los combatientes más efectivos del lado de los británicos se contaban los indios Choctaws, Creeks, Chickasaws y Seminolas, quienes atacaban y mataban por sorpresa y luego entraban en Panzacola para exhibir ante los británicos las cabelleras que les habían arrancado a los españoles, sin que tales atrocidades tuvieran la repulsa de los ingleses. [90]

Esto no obstante, el cerco se iba cerrando con gran desventaja para los británicos y sin que llegasen los socorros pedidos y ofrecidos. El 19 de abril los sitiadores se alarmaron con la proximidad de una escuadra que se creyó fuese británica, pero que había sido enviada desde La Habana al saberse que unidades navales británisas habían penetrado en el Golfo de México. La poderosa flota estaba al mando del contra-almirante Josef Solano y era parte de la escuadra a las órdenes del almirante Victorio de Navia Osorio, llegada a La Habana con 2 navíos de línea, 3 fragatas, 4 bergantines y 82 transportes, a bordo de los cuales cruzaron el Atlántico ocho mil hombres cuyos jefes eran los generales Juan Manuel de Cagigal, Guillermo Vaughn y Bernardo Troncoso. El general Cagigal, cubano de nacimiento, como que había nacido en Santiago de Cuba, había sido escogido para reemplazar al anciano mariscal Navarro como Capitán General de Cuba; pero antes de tomar posesión de su cargo había decidido ir personalmente a Panzacola a combatir contra los británicos. [91] Con las tropas procedentes de La Habana iban los reclutas cubanos y los enviados desde México, Guatemala y Venezuela, por lo que las operaciones militares españolas contra los británicos, en la América del Norte, más

90. *Ibídem*, pág. 203.
91. *Ibíd.*, pág. 207.

y más se parecían a una cruzada continental americana en favor de la independencia de las Trece Colonias.

El contra-almirante Solano, con cuya escuadra navegaba una división de cuatro fragatas francesas con 715 soldados de esa nacionalidad, estableció mejores relaciones con Gálvez que todos los otros marinos españoles que le habían precedido, quizás si porque había recibido órdenes terminantes al efecto antes de cruzar el Atlántico. Así fue que le pidió a Gálvez que permitiese que la marinería tomase parte en el asedio, a lo que accedió Gálvez para que «...también ellos compartiesen la gloria de esta conquista». Unos 1.350 marinos y auxiliares se unieron a las fuerzas de Gálvez, que así llegaron a un total de más de siete mil hombres, más de la mitad de los que Washington y Rochambeau reunirían pocos meses después contra Cornwallis, en Yorktown. En toda la historia del Golfo de México no había habido esfuerzo militar semejante en esa región.

Semanas y semanas de bombardeos, asaltos y salidas causaron pérdidas de hombres y de armamentos; pero la guarnición británica y sus aliados indígenas iban lentamente perdiendo posiciones y no podían reponer los combatientes que caían y las armas y municiones perdidas. Los fuertes de Santa Rosa y San Carlos fueron los primeros en caer en poder de los españoles; pero la ciudadela de Barrancas Coloradas, construída en los tiempos de la dominación española y luego ampliada y reforzada por los británicos, seguía resistiendo. Esa fortaleza era la verdadera llave de la defensa de Panzacola con el nombre de Castillo de Jorge III. Las baterías de los sitiadores mejoraban sus posiciones y sus tiros se hacían más efectivos; pero el general Campbell rechazaba todas las intimaciones de rendición porque alentaba la vana esperanza de que el poderío naval británico acudiese en su socorro. El 8 de mayo, sin embargo, una granada española penetró hasta el polvorín de la fortaleza británica y explotó allí, con lo que se produjo una segunda terrible explosión que destruyó muros, casamatas y reductos. Hubo 105 muertos entre los defensores en ese momento, aparte de muchos heridos. Los sitiadores se lanzaron al asalto por la brecha producida, mientras que las baterías españolas aumentaban sus andanadas. A las tres de la tarde el general Campbell ordenó que se izara la bandera blanca de parlamento. Gálvez aceptó la tregua para tratar de la capitulación y se procedió a un canje de heridos y prisioneros. No fue fácil llegar a un acuerdo porque los británicos trataban de ganar tiempo mientras algunas unidades escapaban por tierra; pero en la noche del 9 de mayo se terminaron las hostilidades. El número de prisioneros era de 1.113 oficiales y soldados de las fuerzas regulares británicas; pero unos trescientos «red coats» huyeron de Panzacola y ayudados por sus aliados indios fueron a refugiarse en la colonia de Georgia, donde dominaban los ingleses. En cuanto a los milicianos y auxiliares, fueron licenciados.

Los españoles se incautaron de 143 cañones, 6 obuses, 40 culebrinas, 2.142 fusiles, 298 barriles de pólvora y una enorme cantidad de bombas, granadas, balas, bayonetas, etc.

Toda la tramitación para la capitulación británica estuvo a cargo de un brillante ayudante del general Cagigal, activo, hábil y conocedor del idioma inglés, nacido en Venezuela. Se trataba del capitán Francisco de Miranda, del Regimiento de la Princesa, veterano de las campañas de Argel y Portugal, el mismo que después pasa a la historia de América como el general Francisco de Miranda, el precursor de la independencia de la América Hispana. Miranda, más tarde ascendido a coronel, despertó las sospechas de las autoridades españolas por sus simpatías hacia la Revolución Norteamericana, cuando estaba en Cuba, y huyó a los Estados Unidos de donde pasó a la Gran Bretaña. General de los ejércitos de la Revolución Francesa y consejero militar de la zarina Catalina de Rusia, luego dedicaría su vida a la causa de la independencia de las colonias españolas en América; pero fue con su participación en la Guerra de Independencia de los Estados Unidos que definitivamente se convirtió en conspirador y en caudillo revolucionario.

En junio de 1781 el grueso de las fuerzas victoriosas embarcó de regreso a La Habana, donde esperaba a los vencedores un entusiasta recibimiento, mucho más porque entre ellos había un buen número de cubanos. Los barcos de guerra españoles escoltaron el convoy en el que también viajaban más de mil doscientos prisioneros británicos quienes esperaron en las fortalezas habaneras por el canje concertado, en el cual también actuaría el venezolano Miranda.[92] Gálvez era el héroe indiscutido de aquella formidable empresa militar que había barrido con la dominación británica de la Florida Occidental y del Valle del Mississippi. El gobierno de Madrid lo ascendió a teniente general y lo nombró gobernador de todos los territorios conquistados; pero además le dio el título de Conde de Gálvez y le concedió un escudo de nobleza con el mote de «¡Yo solo!», caso único de la heráldica española, para así recordar la hazaña de Gálvez cuando desafió las baterías del

92. Pezuela, *Historia...*, ya citada, vol. III, pág. 152.

fuerte «Barrancas Coloradas» para entrar sólo con su buque en la bahía de Panzacola. [93]

A distancia el general Washington había seguido con la mayor atención el curso de las operaciones militares contra Mobila y Panzacola, cuya importancia intuía. Rendón, el «Comisionado Regio» interino de España, le mantenía al tanto de todo lo que ocurría por las noticias que recibía de La Habana y de Nueva Orleans. La capitulación de Panzacola se había firmado el 10 de mayo de 1781; pero a fines de junio ya Washington sabía en su cuartel general de Dobbs Ferry, Estado de Nueva York, que Panzacola se había rendido. Le preocupaban los términos de la capitulación, sin embargo, ante la posibilidad de que los británicos de la vencida guarnición pudieran ser enviados a San Agustín, Savannah o Charleston, donde se habrían convertido en refuerzos importantes para las tropas del general Cornwallis, contra las cuales se libraría después la batalla decisiva de Yorktown, en Virginia.

De ahí que el 13 de julio de 1781 Washington le escribiese a Rendón para preguntarle cuáles habían sido los términos de la capitulación de Panzacola y para pedirle que le facilitase una copia de la misma, quizás si en previsión de que antes de mucho a él mismo le correspondiese utilizar un documento análogo. [94]

Oliver Pollock, el entusiasta y sacrificado agente del Congreso Continental en Nueva Orleans, a punto de ser nombrado cónsul de los Estados Unidos en La Habana, había sido testigo presencial y hasta actor de todos aquellos sucesos de Mobila y Panzacola, como ayudante de Gálvez. Llevado de su gratitud y su admiración por Gálvez se permitió pedirle al Congreso Continental de Filadelfia que, como se había hecho en los casos de otros extranjeros quienes habían tenido un papel relevante al ayudar a la independencia de los Estados Unidos, el retrato de Bernardo de Gálvez fuese colocado en la galería del Independence Hall, en Filadelfia, como reconocimiento a sus valiosos aportes; pero nadie le hizo caso.

Pocos meses después, ya en 1782, otra expedición organizada en La Habana bajo el mando del capitán general Juan Manuel de Cagigal, cubano de nacimiento, cuyo edecán todavía lo era el venezolano teniente coronel Francisco de Miranda, se apoderó de todas las Islas Bahamas, donde los británicos tenían la base principal de sus corsarios. Fueron enviados a La Habana como

93. Caughey, *ob. cit.*, págs. 211-214.
94. *The Writings of George Washington*, ob. cit., vol. XXII, pág. 364-365.

prisioneros de guerra 274 soldados veteranos y 338 milicianos británicos, además de un botín consistente en 199 cañones y 868 fusiles. Doce corsarios británicos fondeados en Nueva Providencia fueron capturados y también se rescataron 65 barcos mercantes, no pocos de ellos norteamericanos, porque en seis años de guerra los corsarios británicos de las Bahamas se habían apoderado de 137 cargueros norteamericanos, 24 franceses, 14 españoles y 1 holandés. La victoriosa campaña de las Bahamas tuvo la participación de aquel turbulento personaje que fue el comodoro Alexander Gillon, de la Carolina del Sur. Con su fragata, la «South Carolina», escoltó al convoy y estuvo en el combate preliminar; pero después pretendió una parte considerable del botín conquistado y surgió un serio incidente con el mariscal Cagigal y sus fuerzas por el reparto de los buques capturados. Cuando los habaneros le recordaron a Gillon que sus buques habían sido reparados, artillados y avituallados en los astilleros de La Habana, años atrás, sin que él hubiese podido pagar la cuenta de todos esos gastos, que fueron financiados por el fallecido Juan de Miralles y su cuñado Juan Josef Eligio de la Puente, sin esperanzas de que el Congreso Continental o el Estado de Carolina del Sur reembolsaran sus anticipos, aventó sus velas y se retiró lleno de indignación. En Nueva Providencia, además, a consecuencia de la victoriosa expedición, recobraron su libertad numerosos españoles, norteamericanos, franceses y holandeses, quienes estaban allí hacía tiempo como prisioneros de guerra de los británicos, al haber sido apresados por los corsarios ingleses de las Bahamas. Hay que aclarar que allí fueron rescatados los sobrevivientes y que no pocos de los prisioneros españoles, cubanos, etc., murieron y fueron enterrados en Nassau y las otras islas, lo que también había ocurrido con unos ciento treinta y siete prisioneros españoles y cubanos que los corsarios de la Gran Bretaña habían llevado a Nueva York y cuyos nombres con pleno derecho debieran figurar en las listas de los que dieron sus vidas por la libertad en la Guerra de Independencia de los Estados Unidos.

El gran designio estratégico de España consistía en barrer con todas las posesiones británicas en el Nuevo Mundo, al aprovecharse de la ventajosa coyuntura deparada por la Guerra de Independencia de los Estados Unidos, que también tenía el apoyo de Francia y de Holanda. Mucho se había logrado en torno al Golfo de México y en el Valle del Mississippi; pero esos triunfos habían sido seguidos por otros, también contra los ingleses, en la Isla de Roatán y otras zonas del Golfo de Honduras, cuya guarnición de cerca de doscientos soldados británicos fue en su totalidad capturada y trasladada a Cuba, prisionera de guerra. Ya hemos mencionado el punto referente al sitio y toma de Nueva Providencia, que produjo la entrega de las Bahamas; pero con la paz definitiva la Gran Bretaña se vio obligada a renunciar a San Agustín y a toda la Florida Oriental, que volvieron a manos de los españoles tras veinte años de dominación británica. Ahora bien, España aspiraba a recobrar a Jamaica, que había perdido un siglo atrás, y Gálvez hacía todos los preparativos para esa campaña. Los españoles necesitaban de todo el poderío de la escuadra francesa del almirante DeGrasse, en apoyo de las flotas españolas; pero la derrota del almirante DeGrasse por la escuadra británica del almirante Rodney hizo imposible el ataque contra Jamaica.

Pero todavía hubo otra importante participación, genuinamente cubana, en la etapa final de la Guerra de Independencia de los Estados Unidos, cuando los ejércitos combinados del general Washington y del general Rochambeau cercaron en Yorktown, Virginia, a las tropas británicas del general Cornwallis y las obligaron a rendirse.

l) El aporte cubano a la batalla de Yorktown

Lord Cornwallis, en rivalidad con el general sir Henry Clinton, jefe supremo de las fuerzas británicas en la América del Norte, se había alejado todo lo posible de Clinton al desarrollar sus actividades militares en los estados del sur. Tenía su control sobre Charleston, Savannah y San Agustín y operaba en Virginia cerca de la costa. Clinton, mientras tanto, se esforzaba por conservar a Nueva York y tenía el temor de que las tropas de Rochambeau, recién llegadas a los Estados Unidos, fuesen a ser utilizadas por Washington para un ataque conjunto contra Nueva York. Cornwallis había dejado constancia de que estaba «...muy firmemente persuadido de que hasta que toda Virginia esté subyugada, no pudiéramos controlar las provincias más meridionales, y de que después que la hayamos reducido, todas caerán bajo nuestra dominación sin gran dificultad».

El criterio expuesto por Cornwallis ya parecía indicar que la decisión de la Guerra de Independencia tendría lugar en los estados del sur; pero esto sería así siempre y cuando que los británicos perdiesen el dominio de los mares a lo largo de la costa norteamericana. Tanto Cornwallis como Clinton abrigaban la seguridad de que las escuadras mandadas por Hood, Graves y Rodney barrerían con las flotas conjuntas de Francia y de España.

Pero las noticias que Washington y Rochambeau habían recibido de Francia les anunciaban la salida de la flota más poderosa que los franceses habían podido reunir en mucho tiempo, con veinte y tres barcos de línea y numerosos transportes a bordo de los cuales viajaban 3.200 soldados veteranos al mando del marqués Claude Henri de St. Simon. La flota estaba bajo las órdenes del almirante Francois Joseph Paul DeGrasse. El plan del Conde DeGrasse consistía en tocar en Haití y las otras Antillas Francesas para completar refuerzos y provisiones, hacer escala en Cuba y dirigirse a las Trece Colonias, donde desembarcaría el contingente del Marqués de St. Simon y se desarrollarían operaciones navales contra los británicos. Las circunstancias, pues, determinaban que la expedición francesa fuese a parar a los estados del sur, pero en Virginia, donde ya estaba Cornwallis.

Washington y Rochambeau estaban con sus tropas en las cercanías de Nueva York, donde sir Henry Clinton esperaba que lo atacasen. Dejaron allí fuerzas suficientes para engañar por unos días a Clinton en cuanto a la amenaza contra Nueva York, y con el grueso de sus tropas, a marchas forzadas, por Princeton, Trenton, Filadelfia, Chester y Wilmington (Del.), se dirigieron a Virginia. Fue en Wilmington que Washington y Rochambeau tuvieron noticias definitivas de que la escuadra mandada por DeGrasse había llegado a la Bahía de Chesapeake y de que constaba de más de 28 navíos de tres puentes y docenas de fragatas y corbetas, con tropas de desembarco. Por Baltimore y por Annapolis embarcaron los ejércitos de Washington y Rochambeau, rumbo a Yorktown, Virginia, en los transportes franceses, pero Washington y sus huéspedes hicieron una escala en Mount Vernon antes de seguir a Williamsburg y Yorktown, donde el jefe militar norteamericano se haría cargo de las operaciones contra Cornwallis, por tierra, mientras que DeGrasse bloqueaba a los británicos por mar.

Los Estados Unidos tenían un John Paul Jones, un Alexander Gillon, un John Barry, un George Farragut y otros corsarios emprendedores, hábiles y valientes; pero carecían de una marina de guerra capaz de derrotar a las poderosas escuadras británicas en altamar y junto a las costas de la América del Norte, lo que era de importancia decisiva para la victoria final. Nueva York, Savannah y Charleston eran bases navales de los británicos, al igual que San Agustín de la Florida. Pero era preciso contar con el dominio de los mares, aunque sólo fuese por el tiempo necesario para asegurar el triunfo definitivo en tierra. La misma escuadra francesa del almirante d'Estaing no había sido capaz por sí sola de enfrentarse con las flotas británicas de Rodney, Graves y Hood, aunque a veces había combatido contra ellas con variada fortuna. La entrada de España en la guerra y el hecho de que se apoyaba en su base de Cuba cuando los españoles habían logrado un notable renacimiento naval, ayudaba a los franceses, aunque no tanto como pudiera haber sido por la campaña que España llevaba a cabo por sí sola en esos momentos, en Europa, para la reconquista de Gibraltar y de Menorca.

La batalla de Yorktown, de consiguiente, se decidiría por el superior poderío marítimo de uno de los contendientes, más que por las operaciones militares en tierra. Washington y Rochambeau habían esperado ansiosamente la llegada de la escuadra de De-Grasse, y sus cartas, que De Grasse había recibido en las Antillas Francesas, le excitaban para que no demorase su arribo al teatro de las operaciones, lo que DeGrasse había hecho, dicho sea de paso, antes de la llegada de los ejércitos aliados.

Su escuadra había logrado éxitos menores en el Mar Caribe cuando el 16 de junio llegó a Cabo Haitiano, donde se reforzó con tropa veterana de los regimientos Gatinois, Agenois y Touraine y tomó a bordo vituallas, municiones y más artillería de campo.

Pero DeGrasse se había encontrado conque en Haití no había dinero para el pago de los salarios de marinos y soldados al cabo de muchos meses de servicio, primero en Brest, Francia, durante los preparativos de la expedición, y depués durante los 38 días que se necesitaron para que el enorme convoy cruzara el Atlántico, lo que no se completó hasta bien entrado el mes de abril. Era indispensable encontrar el dinero para pagar esos salarios y en todas las Antillas sólo había una isla, la de Cuba, donde hubiese recursos suficientes para ello. DeGrasse tenía propiedades de familia en Haití y las hipotecó para allegar algunas cantidades; pero las cartas de Rochambeau, fechadas en mayo, que DeGrasse había encontrado en Cabo Haitiano, hablaban de un millón y doscientas mil libras tornesas, no sólo para su ejército, sino también para el de Washington. [96] Al comprobarse que la obtención de esa cantidad en Haití era de todo punto imposible, en seguida se

95. *La ayuda cubana a la lucha por la independencia de los Estados Unidos*, por Eduardo J. Tejera, Miami, Fla., Editorial Bilingüe, 1972, pág. 25.

96. *Ibídem*, pág. 54. Conviene aclarar que las libras tornesas de la época (de Tours, en Francia, donde había Casa de la Moneda), no tenían el valor de las libras esterlinas británicas, sino alrededor de un franco, o poco más de una peseta. Era una moneda de plata.

iniciaron las gestiones en La Habana por mediación del Marqués de St. Simon, enviado al efecto como comisionado para que hiciera las correspondientes gestiones con el Capitán General de Cuba, marical Juan Manuel de Cagigal. M. de St. Simon, sin embargo, se topó con una negativa. El crédito de los Estados Unidos no era bueno y había deudas por saldar, por parte del Congreso Continental y del comodoro Alexander Gillon, que databan de años atrás. Y no eran más de fiar los franceses cuando el gobierno de Luis XVI atravesaba por una difícil crisis económica y financiera. Hasta es muy de dudar que las atribuciones del gobernador colonial de La Habana llegasen al extremo de poder facilitar una suma tan considerable de los caudales públicos a una escuadra extranjera.

Fue muy efectiva en esa coyuntura la actuación del teniente coronel Francisco de Miranda, ayudante de campo del general Cagigal y nacido en Venezuela. Miranda se había hecho extraordinariamente popular en la sociedad cubana de la época por su personalidad, sus maneras y sus hazañas militares. No sólo le conocían en La Habana y en Matanzas, sino también en los poblados y las haciendas intermedios. Había tenido un brillate papel en el sitio de Panzacola, hasta en las negociaciones de la rendición, porque sabía el idioma inglés. Recibido en los más exclusivos salones de La Habana y de Matanzas, había hecho buena amistad con la influyente familia Menocal, la cual tenía una gran hacienda en Ceiba Mocha, junto a Matanzas, que le había sido mercedada por el gobierno español en 1763, cuando los Menocal habían emigrado de la Florida Oriental para no vivir bajo la dominación británica después del canje de esa provincia por La Habana.

Miranda naturalmente que se enteró del fracaso de la misión de St. Simon por el cargo que tenía junto al Capitán General de Cuba. Entusiasta partidario de la Revolución Norteamericana él mismo, sabía que era una causa popular entre los cubanos amigos suyos y entre ellos indagó la disposición en que se encontraban para participar de una colecta con destino a la escuadra del almirante De Grasse y a los ejércitos del general Washington. La reacción fue en extremo favorable, especialmente entre las cubanas, quienes donaron su dinero y sus joyas e hicieron gestiones del caso con parientes y amigos para que contribuyesen a la colecta que se realizaba. En medio de la admiración general las mujeres cubanas reunieron el millón y doscientas mil libras tornesas que se necesitaban y así se le comunicó al almirante De-Grasse. Nada hay de extraño en que las habaneras de la época fuesen mujeres de espíritu levantado, ilustradas y partidarias de la libertad. Pocos años antes, cuando la toma de La Habana por los ingleses (1762), redactaron y enviaron un memorial al rey Carlos III en el que le relataban los incidentes del sitio y criticabatn los errores del capitán general Juan de Prado Portocarrero y los otros defensores de La Habana.

La escuadra francesa se hizo a la vela rumbo a La Habana, con los soldados y marinos entusiasmados ante la noticia de que iban a recibir sus salarios; pero se envió por delante a su fragata «L'Aigrette», que era muy velera, para que recogiese el donativo de las cubanas, consistente en un millón y doscientas mil libras tornesas. [97] «L'Aigrette» embarcó su valioso cargamento entre La Habana y Matanzas y al norte de esta última se incorporó al convoy francés bajo la protección de la nave almirante, el navío «Ville de París», de 110 cañones, rumbo a Virginia. El 15 de agosto DeGrasse le escribió alborozado a Rochambeau para elogiarle el generoso donativo de las cubanas. [98]

Y Stephen Bonsal, quizás si el primer historiador norteamericano en tratar de este punto, dejó dicho que «... el millón que se le dio a St. Simon por las señoras de La Habana para pagar a las tropas, puede con verdad ser considerado como los cimientos sobre los cuales se erigió el edificio de la independencia norteamericana». [99]

Efectivamente, aquel dinero era un regalo que se hacía sin intereses y sin condiciones: los cubanos, muy especialmente las cubanas, hacían en un momento crítico un donativo de importancia decisiva para la batalla de Yorktown, para la batalla que resolvería victoriosamente la Guerra de Independencia de los Estados Unidos. Cierto que la mayor parte del tesoro traído de Cuba fue para pagar a las tripulaciones francesas unas 800.000 libras tornesas, pero aparte de que así se aseguró su mejor cooperación en el bloqueo de Yorktown, otras 400.000 libras tornesas se destinaron al pago de las soldadas de las tropas de Washington, disgustadas con los atrasos en sus haberes. Tanto era el peso del millón y doscientas mil libras tornesas en plata acuñada, que se hizo necesario reforzar los pisos de la casa de Yorktown donde se depositó el dinero para ser repartido entre marinos y soldados.

En la batalla de Yorktown, tanto para los norteamericanos

97. *Ibídem*, pág. 60.

98. *Ibíd.*, pág. 103.

99. *When the French Were Here*, por Stephen Bonsal, Fort Washington, N. Y., 1945, págs. 119-120.

como para sus aliados franceses, vencedores de Cornwallis, desempeñó un papel trascendental aquel donativo cubano de un millón y doscientas mil libras tornesas, en plata, un dinero sin intereses y sin devolución, un verdadero regalo de un pueblo que simpatizaba con la independencia de los Estados Unidos y que la ayudó de diversas maneras. No hay mención alguna que recuerde en Yorktown ese valioso aporte cubano; pero es que al cabo de doscientos años muchos historiadores norteamericanos siguen silenciando ese hecho histórico.

Oliver Pollock: el patriota olvidado

Con frecuencia nos hemos referido en esta obra a la personalidad y las actividades de Oliver Pollock, quien tan importante papel desempeñó en la ayuda de España y de Cuba a la Revolución Norteamericana. El hecho es que Pollock no era español, cubano o norteamericano nativo, sino irlandés, nacido en Coleraine, Londonderry County, en una época en la que las persecuciones políticas y religiosas de la dominación británica forzaban a los irlandeses a emigrar, con frecuencia a España, donde eran bien recibidos porque eran católicos y por ser perseguidos de los ingleses. Pero Pollock y su familia no se refugiaron en España, directamente, como hicieron los O'Reilly, los O'Farrill, los O'Higgins, los Vaughn, los Coppinger y tantos otros, sino que fueron a Pennsylvania, una de las dos colonias norteamericanas en las que había libertad religiosa bajo la dominación británica, a pesar de la religión anglicana.

Pollock se dedicó al comercio en Filadelfia y en seguida prosperó como importador de productos de las Antillas y proveedor para las mismas, aunque sólo por el comercio de contrabando era que podía traficar con los puertos españoles. La breve dominación británica en La Habana (1762-1763) le permitió establecerse en la capital cubana, y al ser irlandés y católico se relacionó con el P. Thomas Butler, el influyente rector del Convento de San Ignacio, de los jesuitas, quien también era irlandés, además de católico. Esta relación le sirvió para contactos sociales y de negocios con los habaneros de la época, además de los que ya tenía en Filadelfia, entre estos últimos el comerciante Robert Morris, llamado a ser al cabo de pocos años uno de los personajes de la Revolución Norteamerciana, y en la misma capital de la Isla con Juan de Miralles, quien llegaría a ser el primer «Comisionado

Regio» de Carlos III ante el Congreso Continental de Filadelfia, en 1777-1780.

La casa comercial de Pollock laboraba activamente cuando se produjo la restauración española en La Habana, y su gerente rehusó volver a Filadelfia con las tropas británicas en retirada. Todo parecía indicar, en realidad, que había decidido radicarse en Cuba, como habían hecho otros irlandeses; pero el procedimiento de naturalización era muy trabajoso y su situación era la de un extranjero, católico y amigo, a quien se le toleraba. Con el Conde de Ricla, el Capitán General de la restauración española, había llegado a La Habana el general hispano-irlandés Alejandro, Conde de O'Reilly, quien tenía gran valimiento junto al rey Carlos III y hasta se consideraba que le había salvado la vida en batalla. Pollock se las arregló para hacer buenas migas con el irlandés O'Reilly, segundo en el mando bajo el Conde de Ricla, y así pudo seguir comerciando en La Habana, a despecho de todas las prohibiciones contra los extranjeros; pero era mal visto por sus competidores locales.

Así las cosas, el Conde de Ricla fue relevado de su cargo en 1766, por el Bailío Antonio de Bucarely, quien tenía órdenes expresas de expulsar a todos los extranjeros que hubiese en Cuba y en el acto les dio cumplimiento. A los barcos de las Trece Colonias surtos en puerto se les intimó que se hicieran a la vela en seguida so pena de ser cañoneados, y también se les ordenó a sus capitanes que se llevasen a los comerciantes extranjeros incluidos en esas mismas disposiciones. Pollock se contaba entre ellos; pero su amigo y protector, el Conde de O'Reilly, había sido nombrado gobernador de la Luisiana, donde los antiguos colonos franceses se habían rebelado contra la dominación española y se había necesitado una mano dura para someterlos. Pollock se fue a Nueva Orleans a pedirle amparo a O'Reilly y lo obtuvo, por lo que estableció su casa de comercio en Nueva Orleans. [100]

Poco tardó en convertirse en el principal proveedor de harinas, medicamentos, pólvora y carnes saladas para todo el inmenso territorio de la Luisiana, además de ser el comprador y exportador de las pieles preciosas del Valle del Mississippi y su delta. Con la tolerancia de O'Reilly fue que Pollock se dedicó al contrabando, muy especialmente con Filadelfia y otros puertos de las Trece Colonias. O'Reilly fue después reemplazado por el brigadier Luis de Unzaga; pero Pollock estaba tan bien recomendado que el nuevo gobernador le conservó sus privilegios.

100. Portell-Vilá, *Historia...*, ya citada, vol. I, págs. 60-63.

Pollock estaba como nadie enterado del curso de los acontecimientos en las Trece Colonias, que iban hacia la revolución, y esos conocimientos los compartió con los españoles de la Luisiana y de Cuba. Uno de sus corresponsales era el comerciante y banquero Robert Morris, de Filadelfia, quien llegaría a ser llamado «el financiero de la Revolución Norteamericana». El gobierno de Madrid llegó a tener un informante muy útil con Oliver Pollock, más aún cuando bien tempranamente hizo causa común con las Trece Colonias y arriesgó su fortuna y hasta su vida para ayudar a la independencia de los Estados Unidos. Cuba y Luisiana tenían noticias frescas de los sucesos de Concord y Lexington, del «Tea Party», de Boston, y del Primero y el Segundo Congresos Continentales, casi al mismo tiempo que el gobierno de Londres, por la ventaja de la distancia, y esos informes pasaban en seguida a Madrid.

Bien temprano comenzó Pollock a financiar los suministros de armas, pertrechos, vituallas, etc., para los norteamericanos, con su propio dinero y con las cantidades que pedía prestadas a sus amigos, españoles y franceses. En ocasiones esos préstamos los hacía disimuladamente el propio gobierno colonial español.

En la biografía de Pollock que aparece en el «Dictionary of American Biography» se hace ascender a trescientos mil dólares la cantidad total de los préstamos y anticipos hechos por Pollock para ayudar a la Revolución Norteamericana; pero se puede colegir que sus aportes superaron esa cifra y que no fueron computados debidamente por el hecho mismo de que su ayuda se hizo a través de diversos canales, oficiales o individuales, y no siempre en dinero, sino también en materiales de guerra, como se puede comprobar con la simple lectura de las tablas que aparecen en los apéndices de esta obra. Algunas de las operaciones de créditos hechas por Pollock y con las cuales había pensado resarcirse por tal o cual crédito, fracasaron por completo cuando los consignatarios utilizados en Francia y en España se apropiaron definitivamente de las mercancías que les habían sido enviadas y alegaron que lo hacían en cobro de deudas, con lo cual Pollock perdió todavía más.

Además, nadie cuidó de valorar el tiempo que Pollock había perdido en todos esos trabajos al servicio de la Revolución Norteamericana, o los riesgos corridos. A fin de cuentas él era, en realidad, un comerciante que descuidó la administración de sus negocios por ayudar a la independencia de los Estados Unidos sin haber nacido en las Trece Colonias. Técnicamente se trataba de un súbdito británico que combatía a la Gran Bretaña y pudieran haberle ahorcado o fusilado por traición, si hubiese caído en manos de los ingleses.

Entre los aportes de Pollock que se mencionan en las tablas ya citadas, al final de esta obra, los hubo que fueron hechos en pesos o «duros» españoles, moneda de plata de la época de alto valor, en doblones de oro, que valían cuatro pesos, en reales, diez o más de los cuales hacían un peso, y en libras tornesas (no esterlinas) de plata, que equivalían a una peseta.

Por otra parte, ¿cuál era el verdadero valor de nueve mil libras de pólvora, una vez transportadas río arriba por el Mississippi y el Ohío hasta llegar a manos de George Rogers Clark, a tiempo para su ofensiva contra los ingleses? ¿Cuánto podía costar una caja con doscientas libras de quinina, ya puestas en San Luis, o quinientas mantas, u otros tantos uniformes, o cien fusiles con sus bayonetas, cuando nada de eso se podía adquirir, transportar y entregar libremente en aquellas regiones? El valor real del material estratégico entregado no podía calcularse en dinero.

Pollock podía entenderse mejor con los españoles y con los cubanos para la ayuda a los norteamericanos, que con algunos de estos últimos, gentes levantiscas y de violentas pasiones, quienes no respetaban poco ni mucho el nombramiento de representante del Congreso Continental que le había sido otorgado. Filadelfia estaba muy lejos y los británicos dominaban el mar, las montañas Apalaches y el territorio meridional de las Trece Colonias. Solamente por su firmeza de carácter y su habilidad, además del respaldo que tuvo de parte de Bernardo de Gálvez, Diego José Navarro y Juan Manuel de Cagigal, por los españoles, fue que Pollock se hizo respetar de los guerrilleros norteamericanos en el Valle del Mississippi.

El más difícil de todos esos guerrilleros fue aquel turbulento personaje, el llamado capitán James Willing, de Filadelfia, influyente por razones de familia con el Congreso Continental y quien en febrero de 1778 se apareció en Nueva Orleans a la cabeza de una guerrilla que había descendido por el Ohío y el Mississippi y que durante toda esa ruta había llevado a cabo múltiples depredaciones cuando España todavía estaba en paz con la Gran Bretaña. Willing estaba provisto de documentos oficiales y hasta era el portador del nombramiento de Oliver Pollock como representante consular del Congreso Continental; pero se comportó como un forajido. Saqueos, robos, asesinatos, incendios de casas, sembrados y embarcaderos, y capturas de esclavos y de buques, fueron las hazañas de Willing contra gentes pacíficas. En todos esos casos Pollock era quien tenía que resolver las reclamaciones y los problemas ya en el papel de cónsul de las Trece Colonias a quien le había correspondido lidiar con un hombre díscolo y de carácter arrebatado; pero que era el jefe designado desde Filadelfia para hostilizar a los británicos. [101]

Patrick Henry y Thomas Jefferson, como gobernadores de Virginia, y también el general Charles Lee, antes de su traición, habían hecho muchas promesas a España para la proyectada ofensiva conjunta contra los británicos del Valle del Mississippi y de las Floridas; pero al llegar el momento decisivo España tuvo que lanzarse a la lucha por su cuenta. Sin embargo, era tal el sentido de responsabilidad de Pollock y tenía tanto empeño en colaborar con los españoles en esas empresas militares, que cuando Bernardo de Gálvez preparaba sus expediciones contra Mobila y Panzacola, el comerciante Oliver Pollock, cónsul de los Estados Unidos en Nueva Orleans, reclutó a otros seis norteamericanos de la Luisiana, tan entusiastas como él, y formaron el minúsculo contingente de combatientes de los Estados Unidos que pelearon junto a los españoles, los cubanos, los mexicanos, etc., en las batallas de Mobila y Panzacola, y se distinguieron por su valor y su esfuerzo. Pollock hasta fue ayudante de campo del general Bernardo de Gálvez en aquellas empresas miltiares, y en su empeño de respaldar y de honrar a Gálvez nombró al bergantín que sería buque-insignia de los españoles el «Galveztown».

La victoria de los aliados sobre los británicos debió haber servido para mejorar la situación económica de Pollock, de manera que pudiera resarcirse de tantos sacrificios; pero no fue así. El Congreso Continental no tenía con qué pagarle y tampoco sabía con exactitud cuánto le debía. Sus préstamos, suministros, anticipos y financiamientos habían sido hechos muy principalmente por Robert Morris, quien había tenido el control de las finanzas de la Revolución Norteamericana y con el que había tenido otros negocios, como comerciantes, a lo largo de muchos años. Cuando el propio Morris comenzó a tener sus dificultades en el Congreso Continental y en la Confederación, Pollock perdió su único valedor efectivo en la nueva nación.

Ya por entonces, sin embargo, se había trasladado a La Habana, donde tenía amigos y también rivales, de antiguo, como cónsul general de los Estados Unidos, cargo en el cual el gobierno colonial afectaba ignorarlo, porque si España ya había reconocido a los Estados Unidos y hasta había acreditado un ministro plenipotenciario ante el gobierno de la Confederación en la persona de

101. Caughey, *ob. cit.*, págs. 102-134.

Diego de Gardoqui, el comerciante bilbaíno de la época de Miralles, había una política distinta en cuanto a Cuba, que pretendía cortar todas las relaciones cubano-norteamericanas. En Madrid habían llegado a la conclusión de que los entusiastas contactos habidos durante la Guerra de Independencia podían repercutir sobre la situación política de Cuba, donde había ciertos fermentos revolucionarios. A los gobernantes españoles no se les ocurrió otra estrategia sino la de cortar de raíz el comercio y los viajes con los Estados Unidos, por el lado de Cuba, a pesar de la cercanía entre los dos países y de que a partir de 1776 la propia España había fomentado las relaciones entre Cuba y los Estados Unidos.

Al estar Oliver Pollock en Nueva Orleans y en La Habana, sobre él habían recaído las reclamaciones españolas por el pago de las deudas contraídas, mucho más porque esas deudas se habían originado con su firma en los tiempos en los que el Congreso Continental carecía de crédito nacional e internacional. Uno de los memoriales de Pollock al Congreso Continental, el 2 de mayo de 1785, contenía una certificación del notario habanero Luis Serrano en la que se hacía constar que Pollock había contraído deudas por valor de más de cien mil pesos con la Real Hacienda y con Bernardo de Gálvez. [102] Si se hubiese mantenido el comercio entre Cuba y los Estados Unidos después de Yorktown, el espíritu emprendedor y la habilidad de Pollock le habrían proporcionado los recursos para satisfacer a sus acreedores. En 1783, el año del Tratado de París, solamente de Filadelfia salieron para La Habana 22 buques mercantes norteamericanos, y 18 buques procedentes de La Habana llegaron a Filadelfia. Dos de los buques de Filadelfia habían sido fletados y cargados por el propio Pollock, nombrado cónsul en La Habana con fecha 20 de mayo de 1783, y quien se apareció en la capital cubana a bordo de uno de esos buques. [103]

El flamante funcionario consular, hasta poco antes amigo y aliado de españoles y cubanos, ya tuvo dificultades para entrar en puerto y más para bajar a tierra. Se había dictado una prohibición en cuanto a que los extranjeros pudieran residir en Cuba o traficar con sus puertos. Las harinas norteamericanas cuyo envío se había solicitado con urgencia cuatro años atrás, estaban excluidas de Cuba.

Creyó Pollock que su vieja amistad con el nuevo Capitán General de Cuba, que lo era el mariscal Luis de Unzaga, antiguo gober-

102. Portell-Vilá, *Historia...*, ya citada, vol. I, págs. 98 y 489.
103. *Ibídem.*, págs. 107-108.

nador de Luisiana con quien Pollock se había llevado muy bien cuando ambos estuvieron en Nueva Orleans, años atrás, de algo le serviría; pero se equivocó. El gobernador Unzaga se negó a reconocerle como cónsul de los Estados Unidos y le prohibió que actuase como tal.

Pocos meses después de la llegada de Pollock el bergantín norteamericano «Margaret» entró en el puerto de La Habana, de arribada forzosa. Los españoles lo sospecharon de contrabando, lo registraron, le hicieron arriar la bandera de los Estados Unidos y arrestaron al capitán del buque, John McFadden. El 12 de diciembre de 1783 Oliver Pollock envió una protesta al gobernador Unzaga e invocó su condición de cónsul de los Estados Unidos. El gobernador Unzaga no sólo rechazó la protesta e insistió en lo del contrabando, sino que le dijo a Pollock, en comunicación oficial:

...Por un efecto de consideración he tenido la bondad de instruir a V. Md. de la realidad del hecho sin embargo de no contemplarle revestido de carácter alguno que lo autorice para semejantes funciones consulares... [104]

Humillado e impotente Pollock se dirigió el 14 de diciembre de 1783 al gobierno de Filadelfia para decirle:

...El tratado definitivo todavía no ha llegado aquí, y tampoco ha recibido el gobierno colonial respuesta de la Corte de España acerca de mi nombramiento (copia del cual se envió a Madrid tan pronto como llegó a La Habana); de consiguiente todo el pequeño comercio que hay aquí con los Estados Unidos se lleva a cabo con la mayor incertidumbre y depende totalmente del capricho, la avaricia y los abusos del gobierno, el Intendente y sus funcionarios.

Sinceramente confío en que los Estados Unidos puedan remediar esto.

No obstante la aversión y los celos que se advierten entre los funcionarios del gobierno en contra de nuestro comercio, la necesidad les obliga de tiempo en tiempo a admitir un buque con provisiones, pero esto no se hace a causa de generosos principios, ya que se quedan para sus bolsillos con la crema de ese comercio, aparte de las dificultades y demoras a que están sujetos nuestros buques, al mismo tiempo que pretenden persuadir a los navieros de que les están haciendo grandes favores.

El comercio no puede florecer en tales condiciones. Por el

104. *Ibíd.*, págs. 108-109.

contrario tiene que reducirse a la nada.[105] (Traducción del Autor.)

Por supuesto que las autoridades coloniales españolas de Cuba no tuvieron ocasión de enterarse de los duros juicios que le merecían a Pollock; pero eso no era necesario para que sus dificultades fuesen en aumento, ya que sus actividades mercantiles chocaban con las de los comerciantes habaneros.

El 23 de febrero de 1784 el capitán general Unzaga les notificó a los norteamericanos establecidos en La Habana desde los días de la Guerra de Independencia, que tenían que liquidar sus negocios e irse en el plazo más breve posible. Dos de ellos, Thomas Plunket y David Beveridge, apelaron a Unzaga para que les diese una prórroga y no les forzase a irse. El gobernador español le dijo personalmente a Plunket que tenía un último plazo hasta el 31 de marzo. Plunket solicitó la intercesión de Pollock y éste elevó una representación a su antiguo amigo Unzaga, con ese objeto; pero ni siquiera logró un simple acuse de recibo. El 14 de junio Pollock le escribió a Plunket para decirle:

...tiene que prepararse para lo peor y es probable que pronto pondrá en ejecución su amenaza... Me da mucha pena el que tenga que presenciar ese tratamiento... [106] (Traducción del Autor).

Pollock sabía a qué atenerse él mismo, ya que el 17 de marzo de 1784 había sido encarcelado porque el Estado de Virginia no había pagado a Penette, Dacosta et Fréres, de Nantes, en Francia, una deuda por valor de $ 65.814, que Pollock había autorizado con su firma años atrás, durante la Revolución Norteamericana. Lo despojaron de sus bienes, inclusive sus esclavos y su carruaje, y en prisión estuvo cierto tiempo, mientras se aclaraba el caso; pero poco después volvió a ser encarcelado, esta vez por las deudas del gobierno de los Estados Unidos, relacionadas con la Guerra de Independencia. Aunque él representaba en La Habana a ese gobierno, Pollock no lograba que le atendiesen en sus quejas y reclamaciones.

En prisión estaba el desdichado Pollock cuando fue relevado de su cargo como Capitán General de Cuba el mariscal Unzaga. Tal y como había ocurrido en 1777, en Nueva Orleans, de nuevo Unzaga era reemplazado por el ya general Bernardo de Gálvez, Conde de Gálvez por razón de sus hazañas militares contra los

105. *Ibíd.*, pág. 109.
106. *Ibíd.*, pág. 110.

británicos. El capitán general Gálvez fue más justo y generoso con su amigo Pollock, que lo que lo había sido Unzaga. No sólo ordenó que le devolviesen la libertad y las pertenencias de las cuales se habían incautado las autoridades coloniales españolas, sino que dio su fianza personal, garantizada por su firma y su fortuna, para que Oliver Pollock, gran defensor de la Revolución Norteamericana y cónsul de los Estados Unidos en La Habana, pudiera viajar a Filadelfia para reclamar que le pagasen las deudas con las cuales se había arruinado y que habían llevado a su encarcelamiento en Cuba. Lo curioso es que en Filadelfia volvieron a encarcelar a Pollock por otros adeudos resultantes de los préstamos hechos para ayudar a la independencia de los Estados Unidos.

En la Habana se había comprometido Pollock, por escritura pública de fecha 30 de abril de 1785, a pagarles a la Real Hacienda y a diversos particulares la suma total de $ 132.764,15 que debía por servicios prestados a aquella Revolución Norteamericana que rehusaba pagárselos y lo ponía en prisión. Cierto que Gálvez se había constituido en su fiador en La Habana; pero poco después Bernardo de Gálvez era trasladado a México como virrey de la Nueva España y allí falleció en 1786.

Cuatro personajes extraordinarios de la historia de América se habían conocido y habían alternado en La Habana del resultado de la Revolución Norteamericana: el entonces coronel Francisco de Miranda, venezolano, luego general de la Revolución Francesa y el «Precursor de la Independencia de la América Latina», el Conde de Gálvez, español, vencedor de los ingleses en el Valle del Mississippi, en Mobila y en Panzacola, el mariscal José Manuel de Cagigal, cubano de nacimiento, combatiente de Panzacola y conquistador de las Bahamas, y Oliver Pollock, el irlandés-norteamericano que tanto se sacrificó por la independencia de los Estados Unidos, perseguido y encarcelado por deudas contraídas al servicio de la Revolución Norteamericana, al que los electores de Pennsylvania le negaron sus votos para que les representase en la Cámara y quien fue a morir, pobre y olvidado, en una granja a orillas del Mississippi.

En la Habana se separaron para no volver a verse jamás, después de haber logrado que España y sus colonias: Cuba, México, Guatemala, Venezuela, la República Dominicana de hoy y Puerto Rico, participasen del primer gran esfuerzo libertador en tierras de América, el que determinó el establecimiento de los Estados Unidos de América como la primera democracia de los tiempos modernos.

APÉNDICES

Sigue siendo difícil la tabulación definitiva de la ayuda económica de España, Cuba, Luisiana (colonia española entonces), México, etc., a los Estados Unidos, durante su Guerra de Independencia. En los Archivos Nacionales de Cuba y México, como en el del Ayuntamiento de La Habana, hay documentos con datos importantes sobre esa ayuda y que no figuran en tabulación alguna. Es muy posible que lo mismo ocurra en los archivos españoles a pesar de las investigaciones de Serrano Sanz, Becker, Yela-Utrillo, Conrotte, Morales-Padrón y sus colegas.

Hemos intentado una tabulación que aquí presentamos con el propósito de alentar a los estudiosos para que la revisen, la amplíen y la completen.

El Prof. Samuel Flagg Bemis, continuador de los trabajos de James Alexander Robertson, Roscoe R. Hill, Elizabeth West y otros especialistas norteamericanos, nos dio una tabulación ya más acertada en la última edición de su obra clásica *A Diplomatic History of the United States* (Nueva York, Holt, ed., 1965, 5.ª edición, p. 24), y en ella presentó las siguientes cantidades:

Subsidios, 1776-1779, incluso un millón de libras tornesas por medio de Beaumarchais, y material de guerra	$ 397.230
Préstamos, 1778 (Pollock y Willing)	$ 74.087
Préstamos 1781-1782, por John Jay	$ 174.011
Total	$ 645.318

Esa cantidad, en metálico y no en papel moneda del Congreso Continental, con los intereses correspondientes, ya representó un cuantioso aporte.

Pero los datos conocidos de anticipos, préstamos y materiales de guerra provenientes de Nueva Orleans, aunque en buena parte enviados desde España, Cuba y México, dan un total mucho mayor que la cifra anotada por Bemis como correspondiente a Nueva Orleans, ya que acepta la suma que acredita Bemis a Pollock y Willing en cuanto a Nueva Orleans; pero añade otras cantidades, como sigue:

$ 74.087
25.000
100.000
3.600
40.000
18.000
7.000
43.500
6.000
—————

$ 317.187, además de 3.549 doblones de oro y 10.000 libras de pólvora para Pittsburgh y Filadelfia, un cargamento de quinina y mantas, uniformes, fusiles con bayonetas despachados por vía de Nueva Orleans.

Si el millón de libras tornesas facilitado a través de Beaumarchais sí es tomado en cuenta por Bemis, éste pasó por alto otras entregas ascendentes a 232.500 libras tornesas y para nada hizo constar el donativo de 1.200.000 libras tornesas que recaudaron las damas de La Habana y de Matanzas, cantidad ésa que se empleó para pagar a marinos y soldados de Washington, Rochambeau y DeGrasse en el sitio decisivo de Yorktown. Otra partida menor nos dice que hubo otra entrega por valor de 946.000 reales. Al cambio de la época el valor de las libras tornesas mencionadas era de cerca de medio millón de pesos.

En aportes hechos directamente desde La Habana y que no comprenden buques, materiales de guerra, víveres y medicinas, hay otras importantes cantidades conocidas, como son la de 1778, cuando el ministro Josef de Gálvez le ordenó al mariscal Diego José Navarro, Capitán General de Cuba, que entregase secretamente a las Trece Colonias $ 50.000, con promesas de otros aportes por vía de Cuba y el costo de las reparaciones en el Arsenal de La Habana para los buques de guerra del comodoro Alexander Gillon:

$ 50.000
14.424
───────
$ 64.424

No hay dato concreto de la cantidad de dinero en metálico que en 1783 llevaba de La Habana a Filadelfia el transporte «Duc de Lauzun» escoltado por la fragata norteamericana «Alliance», cuando ambos buques fueron atacados por la fragata británica «Sylph». Los buques se salvaron, sin embargo, y llegaron a su destino.

Las fábricas de pólvora de México enviaron a La Habana y a Nueva Orleans sus sobrantes de municiones y pólvora, buena parte de los cuales llegaron a manos de los patriotas norteamericanos George Gibson, James Willing y George Rogers Clark. También así se repostaron los corsarios norteamericanos llegados a La Habana.

A continuación reproducimos lo publicado por Francisco Morales-Padrón en su obra *Participación de España en la independencia de los Estados Unidos*, obra ya citada, págs. 42-44, sobre la ayuda dada a los Estados Unidos:

ARCHIVO HISTÓRICO NACIONAL DE ESPAÑA. Estado, Leg. 3898 bis.

AÑO DE 1776

En 17 de junio el ministro Marqués de Grimaldi le envió al Conde de Aranda, embajador español en París, para ayudar a los norteamericanos, un millón de libras tornesas. El 12 de julio tenía en su poder el dinero y el 7 de septiembre ya lo estaba entregando.

AÑO DE 1777

Ayuda enviada por medio del Sr. D. Diego de Gardoqui (después ministro plenipotenciario de España en los Estados Unidos).

En 18 de marzo dio éste cuenta de que a consecuencia de lo que se le tenía prevenido había empezado a hacer las remesas en géneros para las Trece Colonias por el navío «Fabby», su capitán Juan Hoadges, el cual sólo había cargado el valor de 3.000 pesos.

En 21 de abril se le previno por don Bernardo del Campo que dirigiese al diputado del Congreso (Continental) residente en París, Arthur Lee, 50.000 pesos en letras de cambio.

En 24 dio cuenta de que aquella misma noche le remitía hasta la cantidad de 81.000 libras tornesas. Y en 27 del mismo mes avisó que aquel mismo día le enviaba letras de cambio hasta la cantidad de 106.500 libras que, juntas con aquéllas, hacen un total de 187.500.

En 10 y 12 de mayo avisó Lee su recibo, cuya noticia dio Gardoqui en 28 de octubre.

En 8 de mayo remitió Gardoqui la razón de todo lo que se había embarcado para las (Trece) Colonias en seis navíos, incluso el «Fabby», ya citado, y el importe de todo ascendió a 946.906 reales y 16 maravedises.

AÑO DE 1778

En 5 de mayo previno Bernardo del Campo a Gardoqui que remitise nuevamente al mismo Lee 50.000 en letras de cambio a París y valor de otros 50.000 en efectos a las (Trece) Colonias.

En 11 del mismo mes dio cuenta de haber librado en letras de cambio 22.500 libras tornesas.

Y en 18 de junio las había repetido casi hasta la cantidad de los 50.000 pesos.

En 20 avisó haberle acusado Lee el recibo de las letras de cambio que le envió de 22.500 libras.

Y en 11 de agosto remitió carta de Arthur Lee, fechada en París a 30 de julio, en que acusaba el recibo de las que le había enviado hasta completar los 50.000 pesos.

En 25 de junio remitió Gardoqui a Bernardo del Campo la lista de todas las letras de cambio que había librado a Lee, según la orden que tenía.

En 3 de octubre dio cuenta el mismo Gardoqui de haberse comprado ya efectos hasta el valor de los 50.000 pesos, y que se iban embarcando para las (Trece) Colonias.

Y en 6 de noviembre avisó de que Arthur Lee le había encargado particularmente 30.000 mantas.

AÑO DE 1779

En 22 y 25 de enero dio cuenta Gardoqui de que Arthur Lee pretendía que las 30.000 mantas las pagase la Corte de España.

Y en 1.º de febrero le contestó Campo diciendo que procurase ver si le pagaban los Estados (Unidos) el importe (de las mantas) y que cuando no lo lograse no sufriría perjuicio alguno. (Por fin se pagaron las mantas).

RAZÓN DE LOS PRÉSTAMOS O SOCORROS DE DINERO QUE EN LA NUEVA ORLEANS Y EN LA HABANA SE HAN DADO A LOS COLONOS NORTEAMERICANOS DESDE FIN DE DICIEMBRE DE 1776 HASTA JUNIO DE 1779

EN LA NUEVA ORLEANS

1. En 9 de mayo de 1778 se entregaron a D. Oliver Pollock, agente del Congreso (Continental) en dicha ciudad . . . . $ 6.294
2. En 29 del mismo se le dieron al expresado agente $ 11.729
3. En 5 de agosto y 12 de septiembre de igual año se entregaron al mismo Pollock para habilitación de la fragata «Rebeca» y otros fines . . . . . $ 15.948

$ 33.971

4. En carta de mayo (no consta el día) del citado año, el gobernador de la Luisiana dio cuenta de haber entregado a Pollock y al capitán Willing, ambos comisionados por el Congreso, todos los efectos que se le habían remitido de España para los colonos, que consistían en armamento, vestuarios y quininas, constando en el recibo su valoración provisional de 26.690 pesos fuertes y a reserva de quedar responsables los receptores de una mayor si así fuese fijado . . . . $ 26.690

Nota del Autor: Las cantidades fueron mucho mayores.

EN LA HABANA

5. Por R. O. de 27 de marzo de 1778 se le dijo al gobernador de Cuba que si a nombre o por orden del Congreso Continental se le pidiese algún socorro, se facilitase hasta la suma de 50.000 pesos, haciéndoles esperar otros auxilios sucesivos. Consta que al comodoro Alexander Gillon de Carolina del Sur, se le dieron 14.424 pesos fuertes y 2 y 1/2 reales para pagar gastos de sus buques en La Habana, con letras de cambio contra el Congreso Continental, cobradas por Miralles.

Según Buchanan Parker Thomson en su *Ayuda española en la Guerra de la Independencia Norteamericana,* así como también en la obra clásica de Juan F. Yela-Utrillo titulada *España ante la independencia de los Estados Unidos* (Lérida, 1925, 2 volúmenes), se publican las listas de los aportes de España a la Revolución Norteamericana, tomadas del Leg. 3.884 del Archivo Histórico Nacional de España. Conviene aclarar que no todas las partidas que aparecen citadas en las páginas 135-137 del volumen II de la obra de Yela-Utrillo, fueron efectivamente recibidas por los Estados Unidos; pero, de todos modos, he aquí la lista:

Saldo del Sr. Grando, de Amsterdam, rendido en 10 de junio de 1777	664.178.01.1
Pagos para 14 de agosto de 1777	170.196.11.1
Libranzas u órdenes expedidas desde ese tiempo por los comisionados y por el Sr. Williams .	30.000.00.0
Contrata para adquirir 30.000 uniformes a 35 libras tornesas cada uno, asciende a . . .	1.050.000.00.0
Idem para 1.000 fusiles	18.000.00.0
Idem para 100 libras de cobre y estaño para fundición de cañones. ¿Toneladas?	150.000.00.0
Idem para 100 toneladas de salitre	110.000.00.0
Idem para zapatos, pistolas, etc., ajustadas por el Sr. Williams, incluye el navío para transportar fuera las mercancías, asciende . . .	250.000.00.0
Reparaciones de distintos bajeles, suben a . .	50.000.00.0
Pagado al Sr. Delap, de Amsterdam	40.000.00.0
Cordaje, áncoras, etc., para un buque de 64 cañones	200.000.00.0
Para completar y cargar el buque en Holanda se necesitará como mínimo	550.000.00.0
Recibido por el Sr. Grando en 10 de julio . .	500.000.00.0
Saldo contra los comisionados por presupuesto .	1.454.018.10.0
	2.618.196.11.1
Saldo anterior	1.454.018.10.0
A entregar en octubre	500.000.00.0
Saldo contra los comisionados después de la entrega de 500.000 será	954.018.10.0
	1.454.018.10.0
Saldo anterior transportado a la siguiente página, de 954.810	954.018.10.0
Saldo contra los comisionados arrastrado de la página anterior	954.018.10.0

Mantas, camisas, lienzo para tiendas, cañones de bronce y otros muchos artículos esencialmente necesarios, que no han sido contados y que ascienden a muy considerable suma, por ejemplo:

80.000 mantas a 7 libras (tornesas) . .	560.000.00.0
80.000 camisas a 4 libras	320.000.00.0
20.000 pares de zapatos a 3.10 . . .	70.000.00.0
10.000 «sterkings», ya comprados . .	15.000.00.0
70.000 «sterkings», ya comprados . .	105.000.00.0
100 toneladas de pólvora, pedidas .	200.000.00.0

Los comisionados adeudarán en octubre . . .   2.244.018.10.0

Los comisionados tienen órdenes para adquirir hasta 80.000 uniformes; pero solamente han encargado hasta 30.000, faltándoles para completar el pedido recibido . . . . $ 1.750.000

Para proveer a cada soldado de dos camisas . .   320.000

60.000 pares de zapatos 210.000

Aparejos para 3.000 caballos 450.000

Los cañones de bronce encargados subirán como mínimo a 2.000.000

Añadiendo el costo de transporte y gastos a cada producto y puesto que estas mercaderías han de ser enviadas en buques armados, el Congreso Continental ha ordenado la adquisición de ocho buques de guerra de línea, los cuales valdrán .   3.000.000

Toda esta compra subirá a 7.730.000

(A. H. N. Estado, Leg. 3.884)

INDICE ALFABETICO

147

MORGAN, George, patriota norteamericano, jefe de la guarnición de Fort Pitt, hoy Pittsburgh, p. 36-37.

MORRIS, Gouverner (1752-1816). Miembro del Congreso Continental y ministro de los Estados Unidos en Francia durante la Revolución Francesa, sobre la cual dejó un «Diario» notable, p. 83.

MORRIS, Robert (1734-1806). Patriota norteamericano, nacido en la Gran Bretaña. Miembro del Congreso Continental, comerciante y contrabandista: «el financiero de la Revolución Norteamericana», pp. 30-31, 61, 65, 84, 94, 129, 131-133.

MORRISTOWN, N. J. Campamento fortificado de Washington durante varios años. Miralles falleció allí, en 1780, cuando visitaba a Washington y era su huésped, pp. 86-90.

NASH, Abner (1746-1786). Patriota norteamericano, miembro del Congreso Continental y gobernador de Carolina del Norte, p. 61.

NAVA, capitán Manuel B., de la guarnición de Nueva Orleans, quien aconsejó el rendirse sin pelear, p. 52.

NAVARRO, Diego José Navarro. Capitán General de Cuba, pp. 46, 53, 59, 61-63, 71-74, 80, 84, 90, 94, 107, 109, 11, 114-115, 119, 132, 142.

NAVIA OSORIO, Victorio, almirante jefe de la expedición La Habana-Panzacola (1781), p. 119.

NAVÍO DE PERMISIÓN, por el Tratado de Utrecht la Gran Bretaña le arrebató a España el permiso para traficar con sus colonias, pp. 26, 47.

«NUESTRA SEÑORA DEL CARMEN», bergantín español de la travesía del Atlántico, capitán Urtitegui, en el que Miralles fue de La Habana a Charleston, S. C., en 1777, pp. 29, 64.

NUEVA ORLEANS, capital de la Luisiana en la época colonial, pp. 31, 33-36, 51-52, 105-107, 110, 116, 132.

ODOARDO, O EDUARDO O EDWARDS, Miguel Antonio y también Antonio de Miguel, misterioso agente español, probablemente de origen irlandés, establecido en La Habana para el contrabando y para el espionaje al servicio de España, pp. 22, 33, 36, 39.

O'REILLY, Alejandro, conde de. Famoso militar y gobernante irlandés cuyo linaje quedó en Cuba, p. 30, 45, 130.

PANIS, Jacinto, capitán de la guarnición de Nueva Orleans, hombre de confianza de Bernardo de Gálvez, pp. 51, 53.

PANZACOLA, ciudad y puerto fortificado de la Florida Occidental, sobre el Golfo de México, conquistada por Bernardo de Gál-

OBRAS DEL AUTOR

Historia de Cárdenas, La Habana, 1928.
El pasado glorioso como lección de energía, La Habana, 1928.
La decadencia de Cárdenas, La Habana, 1929.
Narciso López y su época, La Habana, Vol. I, 1930; Vol. II, 1952; Vol. III, 1958.
Céspedes, el Padre de la Patria cubana, Madrid, Espasa-Calpe, 1931.
Sobre la vida y las obras de Pedro J. Guiteras, La Habana, 1932.
Cuba: Past and Present, Washington, D. C., 1933. En «Studies in Hispanic American History: The Caribbean Area.» The George Washington University.
Cuba y la Conferencia de Montevideo, La Habana, 1934.
La biblioteca y el libro cubanos como factor sociológico, La Habana, 1934.
Martí, diplomático, La Habana, 1934.
The Non-Intervention Pact of Montevideo and American Intervention in Cuba, La Habana, 1935 (Segunda edición en español).
Cuba y la independencia de los Estados Unidos, La Habana, 1935.
Sobre el ideario político del Padre Varela, La Habana, 1935.
On the Civilization of the Two Americas, Asheville, N. C., 1937.
La economía regional de los Estados Unidos: su influencia en la grandeza y la posible decadencia del país, La Habana, 1937.
La población negra norteamericana como factor de la vida nacional, La Habana, 1937.
Un esfuerzo panamericano por la independencia de Cuba, México, D.F., 1938.
El gobierno de Polk y las conspiraciones cubanas de 1848, La Habana, 1938.
Problemas de población y de razas en los Estados Unidos: resultantes sociales y problemas del futuro, La Habana, 1938.
Lo español en los Estados Unidos, La Habana, 1938.

11

Evolución histórica de la política y la democracia en los Estados Unidos, La Habana, 1939.

Bolívar y el panamericanismo, La Habana, 1939.

Los prejuicios raciales y la integración nacional norteamericana, La Habana, 1940.

La vida sexual de la juventud norteamericana, La Habana, 1940.

Las conspiraciones cubanas en 1850, La Habana, 1940.

Historia de Cuba en sus relaciones con los Estados Unidos y España, 4 vols., La Habana, 1938-1942 (Segunda edición, Miami, Fla., 1969).

El «New Deal» norteamericano, La Habana, 1940.

El criollismo: su aparición y desarrollo en Cuba, La Habana, 1941.

Jorge Washington y su obra, La Habana, 1941.

Revaloración de Céspedes y de su obra revolucionaria, La Habana, 1941.

What Have the Americas in common? University of Chicago, 1941.

Bolívar y la democracia, La Habana, 1942.

Abraham Lincoln, La Habana, 1942.

La tesis de Monseñor Martínez Dalmau, La Habana, 1943.

Vidas de la unidad americana, La Habana, 1944.

Breve biografía de Antonio Maceo, La Habana, 1945.

Juan de Miralles, un habanero amigo de Jorge Washington, La Habana, 1947.

Informe quinquenal de la Cátedra de Historia de América, La Habana, 1947, 1952, 1957.

El Dr. Lazear, héroe y mártir de la civilización americana, La Habana, 1948.

El Brigadier Reeve, o «Enrique, El Americano», La Habana, 1949.

Historia de la Guerra de Cuba y los Estados Unidos contra España, La Habana, 1949.

Misión de la Universidad, La Habana, 1949.

Theodore Roosevelt en la historia de Cuba, La Habana, 1950.

Breve biografía de Narciso López, La Habana, 1950.

Los primeros movimientos revolucionarios del general Narciso López, La Habana, 1950.

Medio siglo de historia de «El Mundo», La Habana, 1951.

Los periodistas norteamericanos y la independencia de Cuba, La Habana, 1952.

Clara Barton, La Habana, 1953.

Memoria sobre cuatro años de esfuerzos por un buen gobierno municipal de La Habana, La Habana, 1954.

Johnny O'Brien, el Capitán Dinamita, La Habana, 1955.

Benjamín Franklin, el primer americano universal, La Habana, 1957.

Colonial background of municipal institutions in Latin America,
   Gainesville, Fla., 1957.
Cuba Today, Washington, D. C., 1965.
Report on Cuba, Washington, D. C., 1971.
Cuba: The Dominant Caste, La Haya, 1976.

TRADUCCION

Problemas de la Nueva Cuba, por la Comisión de Asuntos Cubanos
   de la Foreign Policy Association, traducida de la obra en inglés
   «Problems of the New Cuba». Nueva York, primera edición,
   1935. La Habana, segunda edición, 1935.

EN PUBLICACION

Cuba: The Republican era

INDICE

Este libro se acabó de imprimir el día
16 de mayo de 1978, en el Complejo de
Artes Gráficas Medinaceli, S.A., General Sanjurjo, 53 Barcelona-25 (España)

Este libro se acabó de imprimir el día
lo la mayor parte, en el Complejo de
Artes Gráficas Medinaceli, S.A., General Sanjurjo, 53 Barcelona-25 (España)